《主人》丛书

时事热点百问

本书编写组　组编

上海三联书店

《时事热点百问》编委会

总顾问：杜仁伟　洪民荣

总策划：丁　巍　段芬芳　黄凯锋

主　编：祝少华　张雪魁

副主编：李伟民

编　辑：沈源琼　石晓寅

前　言

　　党的十八大是在我国进入全面建设小康社会关键时期和深化改革开放、加快转变经济发展方式攻坚时期召开的一次十分重要的会议。党的十八大报告以邓小平理论、"三个代表"重要思想、科学发展观为指导，认真总结了党的十六大以来的工作和取得的成就，回顾总结了改革开放以来中国共产党团结带领全国各族人民建设中国特色社会主义的伟大历史进程和宝贵经验，为全面推进我国改革开放和社会主义现代化建设、全面推进党的建设作出了新的战略部署，是指导我们继续全面建设小康社会、加快推进社会主义现代化建设、开创中国特色社会主义事业新局面的纲领性文件。

　　十八大报告阐述了坚持和发展中国特色社会主义的一系列重大理论和实践问题，提出了许多新论述、新观点。中国特色社会主义理论体系，是在经济全球化深入发展、和平与发展成为时代主题的历史条件下，在我国改革开放和社会主义现代化建设的伟大实践中，在总结我国社会主义建设正反两方面历史经验和改革开放以来新鲜经验，并借鉴其他社会主义国家兴衰成败经验教训的基础上逐步形成和发展起来的。如何更好地学习掌握这些新论述、新观点，深刻领会其精神实质，并将之贯彻落实到具体工作中，是我们当前面临的首要任务。

　　为认真贯彻习近平总书记在宣讲十八大精神重要批示中提出的"了然于胸、运用自如、深入浅出、入脑入心"的要求，帮助广大职

1

工群众认真学习、深刻领会党的十八大精神,我们组织上海社会科学院的专家学者,用问答的形式编写了《时事热点百问》一书。本书以十八大报告为依据,将中国特色社会主义理论体系与时事热点有机结合,联系实际,深入浅出,简明扼要地将中国特色社会主义理论体系分为10个专题,提纲挈领地把这一理论体系所蕴含的深刻思想呈现出来,具有较强的针对性和系统性。

本书坚持大众视角,语言朴实通俗,说理深刻透彻,力求把核心观点论述同重大决策部署结合起来,把理论归纳阐发同重大发展成就结合起来,把理论创新同实践创新结合起来,展现中国特色社会主义理论体系既一脉相承又与时俱进的科学性质和理论品格。在解析时,针对读者最关心的理论热点,围绕建设中国特色社会主义这一主线,多角度设置问题,用平实的语言和生动的形式予以解读,便于读者学习、运用。

本书以广大基层班组(职工)为主要对象,既可作为基层班组(职工)学习十八大报告的参考用书,也可作为基层班组(职工)熟悉了解时事热点的学习材料。

编　者
2013 年 2 月

目　　录

旗帜道路篇

在我们党领导人民革命建设改革90多年的历史征程中：完成了新民主主义革命,实现了民族独立和人民解放;完成了社会主义革命,让中国走上了社会主义道路;开启了改革开放伟大历程,开创了中国特色社会主义伟大事业。使中国社会的面貌发生了翻天覆地的历史性剧变,让一个半封建半殖民地的贫穷落后的旧中国转变为一个初步实现了繁荣富强的社会主义新中国。

1. 为什么说中国特色社会主义是中国革命奋斗、创造、积累的根本成就？

党的十八大报告明确指出："中国特色社会主义道路，中国特色社会主义理论体系，中国特色社会主义制度，是党和人民九十多年奋斗、创造、积累的根本成就，必须倍加珍惜、始终坚持、不断发展"。

在我们党领导人民革命建设改革 90 多年的历史征程中，成功完成和推进了三件大事：一是完成了新民主主义革命，实现了民族独立和人民解放；二是完成了社会主义革命，让中国走上了社会主义道路；三是开启了改革开放伟大历程，开创了中国特色社会主义伟大事业。这三件大事使中国社会的面貌发生了翻天覆地的历史性剧变，让一个半封建半殖民地的贫穷落后的旧中国转变为一个初步实现了繁荣富强的社会主义新中国。

中国特色社会主义是改革开放新时期开创的，同时也是建立在我们党领导人民长期奋斗的基础上的，是由我们党的历代领导集体团结带领人民历经千辛万苦、付出各种代价、竭力探索取得的，党的历代领导集体为中国特色社会主义事业作出了不可磨灭的历史性贡献。

以毛泽东同志为核心的党的第一代中央领导集体团结带领人民完成了新民主主义革命，进行了社会主义改造，从根本上决定了中国未来发展的社会主义方向，也为当代中国一切发展进步奠定了根本政治前提和制度基础；以邓小平同志为核心的党的第二代中央领导集体团结带领人民开启了改革开放伟大历程，深刻揭示了社会主义本质，科学回答了建设中国特色社会主义的一系列基本问题，提出了建设有中国自己特色的社会主义,确立了社会主义初级阶段基本路线,成功开创了中国特色社会主义;以江泽民同志为核心的党的第三代中央领导集体团结带领人民成功捍卫了中国特色社会主义,在党的基本理论和基本路线的基础上形成了党在社会主义初级阶段的基本纲领和基本经验,确立了社会主义市场经济体制的改革目标和基本框架,开创了全面改革开放的新格局,创立了"三个代表"重要思想,推进了党的建设新的伟大工程,将中国特色社会主义成功推向 21 世纪;以胡锦涛为总书记的党中央在全面建设小康社会进程中以科学发展观统领中国特色社会主义的各项事业,构建社会主义和谐社会,加快社会主义生态文明建设,形成中国特色社会主义事业"五位一体"的总体布局,推进党的执政能力建设和先进性建设,在新的历史起点上成功地坚持和发展了中国特色社会主义。

所以,中国特色社会主义不仅是对我国改革以来 30 多年历史的继承和发展,而且还是对我国建国以来 60 多年历史乃至我们党建党 90 多年历史的继承和发展,党和人民 90 多年革命建设改革实践所取得的根本成就,是我国未来改革和进一步发展的根本出发点和归宿。

2. 为什么要坚定不移地走中国特色社会主义道路?

党的十八大报告明确指出:"中国特色社会主义道路,就是在中国共产党领导下,立足基本国情,以经济建设为中心,坚持四项基本原则,坚持改革开放,解放和发展社会生产力,建设社会主义市场经济、社会主义民主政治、社会主义先进文化、社会主义和谐社会、社会主义生态文明,促进人的全面发展,逐步实现全体人民共同富裕,建设富强民主文明和谐的社会主义现代化国家。"这是对我们党在社会主义初级阶段的基本理论、基本路线、基本纲领和基本经验的高度概括。

中国特色社会主义道路的基本内涵是,坚持中国共产党的领导,坚持以经济建设为中心,坚持四项基本原则,坚持改革开放这一党在社会主义初级阶段的基本路线,全面展开中国特色社会主义的经济、政治、文化、社会和生态文明"五位一体"的建设,努力将我国建设成为富强民主文明和谐的社会主义现代化国家。

中国共产党是中国特色社会主义事业的领导核心。中国共产党的领导,是中国历史的选择,是中国人民的选择。坚持中国共产党的领导,是坚持走中国特色社会主义道路的根本前提。党的基本路线是党和国家的生命线,以经济建设为中心是兴国之要,四项基本原则是立国之本,改革开放是强国之路。坚持党在社会主义初级阶段"一个中心、两个基本点"的基本路线,是推动中国实现社会主义现代化的基本途径。中国特色社会主义是全面发展的社会主义,我们要实现社会主义现代化和中华民族伟大复兴的宏伟目标,就必须按照中国特色社会主义事业的总体布局全面推进经济建设、政治建设、文化建设、社会建设和生态文明建设。

中国特色社会主义道路,是实现社会主义现代化的必由之路,是实现中华民族伟大复兴的必由之路,是创造人民美好生活的必由之路。中国特色社会主义道路是党领导人民在改革开放的伟大历程中开辟的,它与党90多年的革命建设改革的奋斗历史息息相关。我们之所以要走社会主义道路,乃是因为只有社会主义才能救中国。近现代中国历史告诉我们,要实现民族独立和人民解放,就必须在中国共产党的领导下,推翻帝国主义、封建主义和官僚资本主义在中国的统治,完成新民主主义革命和社会主义革命,选择社会主义道路。我们之所以走中国特色社会主义道路,乃是因为只有中国特色社会主义才能发展中国。当代中国的历史告诉我们,要实现中国的发展进步和繁荣富强,就必须在中国共产党的领导下,以经济建设为中心,坚持四项基本原则,坚持改革开放,解放和发展社会生产力,巩固和完善社会主义制度,按照中国特色社会主义事业的总体布局推进经济建设、政治建设、文化建设、社会建设和生态文明建设,将我国建设成为富强民主文明和谐的社会主义现代化国家。

 3. 什么是中国特色社会主义理论体系?

党的十八大报告明确指出:"中国特色社会主义理论体系,就是包括邓小平理论、'三个代表'重要思想、科学发展观在内的科学理论体系,是对马克思列宁主义、毛泽东思想的坚持和发展。"

我们党始终坚持把马克思主义与中国革命建设改革的具体实际相结合,推进马克思主义的中国化,在马克思主义中国化的历史进程中,产生了两次历史性飞跃,形成了两大根本性理论成果。第一次历史性飞跃主要解决了在中国这样一个半封建半殖民地的东方大国进行什么样的革命、怎样进行革命这一根本问题,成功开辟了中国新民主主义革命道路,并初步探索了社会主义建设道路,这次历史性飞跃所取得的根本性理论成果就是毛泽东思想;第二次历史性飞跃主要解决了在中国这样一个人口多底子薄的东方大国建设什么样的社会主义、怎样建设社会主义这一根本问题,开启了改革开放伟大历程,成功开创了中国特色社会主义伟大事业,这次历史性飞跃所取得的根本性理论成果就是包括邓小平理论、"三个代表"重要思想和科学发展观在内的中国特色社会主义理论体系。

中国特色社会主义理论体系科学解答了什么是社会主义、怎样建设社会主义,建设什么样的党、怎样建设党,实现什么样的发展、怎样发展等一系列重大理论和实践问题,成功开辟了中国特色社会主义道路。改革开放以来我们之所以能够取得举世瞩目的伟大成就,其中最为根本的原因就是开辟了中国特色社会主义道路,形成了中国特色社会主义理论体系,确立了中国特色社会主义制度,其中,中国特色社会主义理论体系是指导党和人民沿着中国特色社会主义道路实现中华民族伟大复兴的正确理论。

中国特色社会主义理论体系,作为马克思主义中国化的最新理论成果,与马列主义和毛泽东思想既是一脉相承的继承、坚持和发展关系,又具有开放的和与时俱进的理论品质。中国特色社会主义理论体系中的各重要成果都有一个共同的思想源泉——马列主义、毛泽东思想,都处于同一历史时期——社会主义初级阶段,都面临同一个时代主题——和平与发展,都致力于同一个事业——实现中国的社会主义现代化。

中国特色社会主义理论体系,作为对马列主义、毛泽东思想的坚持和发展,体现了实事求是这一马克思主义的思想精髓和理论实质。实事求是这一马克思主义思想路线正确回答了什么是马克思主义、怎样对待马克思主义这一重大问题,从而使得我们党从传统的思想和体制束缚中解放出来,带领人民开启了改革开放伟大历程,开创了中国特色社会主义伟大事业。在当代中国,坚持中国特色社会主义道路就是真正坚持社会主义,坚持中国特色社会主义理论体系就是真正坚持马克思主义。

4. 什么是中国特色社会主义制度?

党的十八大报告明确指出:"中国特色社会主义制度,就是人民代表大会制度的根本政治制度,中国共产党领导的多党合作和政治协商制度、民族区域自治制度以及基层群众自治制度等基本政治制度,中国特色社会主义法律体系,公有制为主体、多种所有制经济共同发展的基本经济制度,以及建立在这些制度基础上的经济体制、政治体制、文化体制、社会体制等各项具体制度。"

我国经过新中国成立以来 60 多年尤其是改革开放 30 多年来的发展,已经在经济、政治、文化和社会等各个领域形成了一整套相互衔接、相互联系的制度体系,这就是中国特色社会主义制度。在这一体系中,既有根本政治制度和基本政治制度、基本经济制度和社会主义法律体系,又有建立在这一基础上的经济体制、政治体制、文化体制、社会体制等各项具体制度。

2010 年,胡锦涛在中国共产党建党九十周年的"七一"讲话中对于什么是"中国特色社会主义制度"首次作出了规范性的阐述,深刻阐明了这一概念的基本内涵。

首先是根本政治制度。人民代表大会制度是根本政治制度,是中国特色社会主义制度在国家政权组织形式上的体现;其次是基本政治制度和基本经济制度,中国共产党领导的多党合作和政治协商制度、民族区域自治制度以及基层群众自治制度构成我国基本政治制度,以公有制为主体、多种所有制经济共同发展构成我国基本经济制度,这两方面的基本制度,决定了中国社会的政治和经济的基本格局,是发展社会主义民主政治,建设社会主义法治国家,发展社会主义市场经济、构建社会主义和谐社会,建设社会主义生态文明的基础性制度保障;再次,中国特色社会主义法律体系,这一法律体系是从法律上解决国家发展中带有根本性、全局性、稳定性和长期性问题,为中国特色社会主义事业提供法律保障;最后是体制机制,即建立在根本政治制度和基本政治制度、基本经济制度基础上的经济体制、政治体制、文化体制、社会体制等各项具体制度,它们是中国特色社会主义制度的集体实现方式。

我们党领导人民历经 90 多年的奋斗、60 多年的发展和 30 多年的改革,确立了中国特色社会主义制度。中国特色社会主义制度适合我国国情,顺应时代潮流,符合人民利益,这一制度体系有利于保持党和国家活力,调动社会各方面的积极性、主动性、创造性,解放和发展社会生产力;有利于推动经济社会全面发展,维护和促进社会公平正义、实现全体人民共同富裕;有利于集中力量、有效应对前进道路上的各种风险挑战,维护民族团结、社会稳定、国家统一。中国特色社会主义制度有着无可比拟的优越性和先进性,集中体现了中国特色社会主义的特点和优势,是当代中国发展进步的根本制度保障。

5. 建设中国特色社会主义的总依据是什么?

党的十八大报告指出,建设中国特色社会主义,总依据是社会主义初级阶段。报告强调"我国仍处于并将长期处于社会主义初级阶段的基本国情没有变,人民日益增长的物质文化需要同落后的社会生产之间的矛盾这一社会主要矛盾没有变,我国是世界最大发展中国家的国际地位没有变",强调"在任何情况下都要牢牢把握社会主义初级阶段这个最大国情,推进任何方面的改革发展都要牢牢立足社会主义初级阶段这个最大实际"。所以,牢牢把握建设中国特色社会主义的总依据,其根本在于正确认识我国发展所处的阶段,这对于坚持和发展中国特色社会主义具有重大的历史和现实意义。

历经30多年的改革和发展,中国特色社会主义事业虽然取得了举世瞩目的成就,社会生产力、经济实力和科技实力迈上了一个大台阶,国民收入水平、人民生活水平、社会保障水平迈上了一个大台阶,综合国力、国际竞争力和国际影响力迈上了一个大台阶,我国的基本面貌也发生了新的历史性变化。但我们必须清醒地看到,我国发展中不平衡、不协调、不可持续问题依然突出,经济建设、政治建设、文化建设、社会建设和生态文明建设等领域依然存在着较多的体制机制障碍,我国的改革和发展事业已经进入了攻坚阶段和关键时期,我国仍然处于社会主义初级阶段。

全面准确地认识我国仍然处于并将长期处于社会主义初级阶段,这是正确提出、制定和贯彻落实党的理论、路线、纲领和方针政策的关键,是党和国家现阶段一切工作的出发点和根本依据,是推进我国改革开放和社会主义现代化事业所依据的基本国情。党的十三大全面阐述了社会主义初级阶段理论,党的十四大、十五大和十六大都重申这一理论,党的十七大、十八大都明确指出,我国仍处于并将长期处于社会主义初级阶段这一基本国情没有变。所谓社会主义初级阶段,是指我国社会生产力落后、经济社会不发达的条件下建设社会主义必然要经历的特定阶段,具体来说,是指从我国进入社会主义到基本实现社会主义现代化这一整个历史阶段。社会主义初级阶段这一论断包含两层含义:一是我国已经进入社主义社会,我们必须坚持而不能离开社会主义;二是我国的社会主义社会正处于并将长期处于初级阶段,我们必须正视而不能超越这一初级阶段。

我们只有全面准确地认识我国仍处于并将长期处于社会主义初级阶段这一基本国情,才能从全局或总体上把握中国特色社会主义事业的方向和所处的历史时期;同时,也只有客观深入地分析社会主义初级阶段在不同时期所呈现的阶段性特征,才能制定正确的发展战略和方针政策,在全面建成小康社会的新阶段将中国特色社会主义事业继续推向前进。

6. 建设中国特色社会主义的总布局是什么?

党的十八大报告指出,建设中国特色社会主义,总布局是经济建设、政治建设、文化建设、社会建设和生态文明建设的五位一体。报告提出,要按照中国特色社会主义事业的总布局建设社会主义市场经济、社会主义民主政治、社会主义先进文化、社会主义和谐社会和社会主义生态文明。这些论断在新时期新阶段坚持和发展了中国特色社会主义,开拓了中国特色社会主义实践和理论的新视野和新境界,也为 2020 年全面建成小康社会构建出基本框架,规划出主要路径。

改革开放以来,我们党开创了中国特色社会主义伟大事业,确立了"一个中心、两个基本点"这一党在社会主义初级阶段的基本路线,推动中国特色社会主义事业的总体布局的不断完善。以邓小平为核心的党的第二代领导集体郑重提出,我们在进行物质文明建设的同时,还要进行精神文明建设,从而形成了"两手抓,两手都要硬"的发展战略;以江泽民为核心的党的第三代领导集体,在党的基本路线的基础上提出了党在社会主义初级阶段建设中国特色社会主义经济、政治、文化的基本纲领;进入21世纪以来,以胡锦涛为总书记的党中央分别将"社会建设"和"生态文明建设"写入党的十七大、十八大报告,纳入中国特色社会主义事业的总体布局。中国特色社会主义事业的总体布局从"两手抓"到"三大建设",再到"四位一体",乃至今天的"五位一体",这是中国共产党人在不断总结社会主义建设经验的基础上,不断深化对中国特色社会主义建设规律的认识。

在建设中国特色社会主义"五位一体"的总布局中,经济建设是根本,必须坚持以经济建设为中心,坚持四项基本原则,坚持改革开放,健全和完善社会主义市场经济体制;政治建设是保证,必须坚持党的领导、人民当家作主和依法治国的有机统一,推进社会主义民主政治和社会主义法治国家建设;文化建设是灵魂,必须坚持以马克思主义为指导,建设面向现代化、面向世界、面向未来的,民族的科学的大众的社会主义文化;在经济建设、政治建设、文化建设的基础上,协调推进社会建设和生态文明建设,构建社会主义和谐社会,建设社会主义生态文明。中国特色社会主义是经济、政治、文化、社会和生态文明全面发展的社会主义。经济建设、政治建设、文化建设、社会建设、生态文明建设这五个领域构成一个相互联系和相互促进的有机整体,其中每一个领域的建设都必须融入其他四个领域建设的各方面和全过程。

建设中国特色社会主义"五位一体"的总布局,蕴含了社会主义的本质要求和发展规律,体现了社会主义与时代潮流的统一,构成了我们党在全面建成小康社会这一新的历史阶段的基本纲领。

7. 建设中国特色社会主义的总任务是什么?

党的十八大报告指出,建设中国特色社会主义,总任务是实现社会主义现代化和实现中华民族伟大复兴。中国共产党是中国人民和中华民族的先锋队,始终深深扎根于中国人民和中华民族之中,始终肩负着实现社会主义现代化和中华民族伟大复兴的历史使命。

推动中国社会的现代化,实现中华民族的伟大复兴,再创中国这一古老文明新的历史辉煌,是中国自沦为半封建半殖民地国家以来,中华民族一切仁人志士的共同信念和矢志不渝的追求。在中国共产党的领导下,中国人民经过30年的奋斗,取得了民族民主革命即新民主主义革命的胜利,实现了民族独立和人民解放,建立了新中国,为中华民族伟大复兴迈出了重要一步;新中国建立之后,我们党领导人民进行了社会主义改造,确立了社会主义基本制度,为中国的社会主义现代化和中华民族的伟大复兴奠定了根本性的政治保障和制度基础,在此之后,我们党在社会主义建设时期的艰辛探索尽管历经曲折,但还是为新的历史时期开创中国特色社会主义事业提供了宝贵经验、理论准备和物质基础。

在改革开放伟大历程中,我们党领导人民开创了中国特色社会主义,在理论和实践上科学解答了在中国这样一个落后的东方大国夺取政权建立社会主义制度之后,建设什么样的社会主义,怎样建设社会主义的问题,因而也就找到了我国实现社会主义现代化和实现中华民族伟大复兴的正确道路。改革开放以来,我们取得一切成绩和进步的根本原因,归结起来就是:开辟了中国特色社会主义道路,形成了中国特色社会主义理论体系,确立了中国特色社会主义制度。历经 30 年的改革开放,中国特色社会主义事业取得了举世瞩目的伟大成就,中国的基本面貌发生了深刻的历史性变化。正如党的十八大报告所说的那样:"经过九十多年艰苦奋斗,我们党团结带领全国各族人民,把贫穷落后的旧中国变成日益走向繁荣富强的新中国,中华民族伟大复兴展现出光明前景。"

实现社会主义现代化和实现中华民族伟大复兴是一个问题的两个方面。实现中华民族的伟大复兴,就要实现社会主义现代化;只有实现社会主义现代化,才能实现中华民族的伟大复兴。中国共产党人在改革开放的伟大历程中,顺应历史和时代的潮流,适应中国社会的现实需要,科学解答了中国"实现什么样的现代化,怎样实现现代化"这一重大问题,提出了中国必须走社会主义现代化道路,同时这一道路又必须具有中国特色,从而开创了中国特色社会主义伟大事业。

中国特色社会主义是当代中国发展进步的根本方向,是推动我国实现社会主义现代化,实现中华民族伟大复兴的必由之路和成功之路。同时,实现社会主义现代化,实现中华民族伟大复兴,也是中国特色社会主义事业的总任务。

8. 新的历史条件下夺取中国特色社会主义新胜利有哪些基本要求?

党的十八大报告在深入总结实践经验特别是在党的十六大以来新鲜经验的基础上,明确提出夺取中国特色社会主义新胜利必须牢牢把握的八项基本要求：

一是必须坚持人民主体地位。中国特色社会主义是亿万人民自己的事业。所以，必须发挥人民主人翁精神，坚持依法治国基本方略，更好保障人民权益，更好保证人民当家作主。

二是必须坚持解放和发展社会生产力。解放和发展社会生产力是中国特色社会主义的根本任务。所以，必须坚持以经济建设为中心，以科学发展为主题，实现以人为本、全面协调可持续的科学发展。

三是必须坚持推进改革开放。改革开放是坚持和发展中国特色社会主义的必由之路。所以，必须始终把改革创新精神贯彻到治国理政的各个环节，不断推进我国社会主义制度的发展和自我完善。

四是必须坚持维护社会公平正义。社会公平正义是中国特色社会主义的内在要求。所以，必须在经济社会发展的基础上，努力建设对保障社会公平正义具有重大作用的制度体系。

五是必须坚持走共同富裕道路。共同富裕是中国特色社会主义的根本原则。所以，必须要在坚持社会主义基本经济制度和分配制度的基础上调整国民收入分配格局，使发展成果更多更公平惠及全体人民，朝着共同富裕方向稳步前进。

六是必须坚持促进社会和谐。社会和谐是中国特色社会主义的本质属性。所以，必须要以改善民生为核心，加强社会建设，创新社会管理，正确处理改革发展稳定关系，努力构建社会主义和谐社会。

七是必须坚持和平发展。和平发展是中国特色社会主义的必然选择。所以，必须坚持开放的发展、合作的发展和共赢的发展，通过争取和平国际环境发展自己，又以自身发展维护和促进世界和平,推动建设持久和平、共同繁荣的和谐世界。

八是必须坚持党的领导。中国共产党是中国特色社会主义事业的领导核心。所以,要坚持立党为公、执政为民,必须加强和改善党的领导,保持党的先进性和纯洁性,增强党的创造力、凝聚力、战斗力,巩固和提高党的执政能力和执政水平。

党的十八大提出的这八项要求,既有深刻的理论依据,又有深刻的实践和历史依据。这八项要求既是科学社会主义基本原则在当代中国的基本体现,又是对中国特色社会主义事业进入新世纪新阶段所呈现的一系列新情况新变化和新矛盾新问题的现实回应,还是根据党的基本理论、基本路线、基本纲领、基本经验,对改革开放30多年来和建国60多年来乃至建党90多年来实践经验的历史总结。这八项基本要求用新的实践经验和理论认识进一步回答了在社会主义初级阶段怎样坚持和发展中国特色社会主义这一重大理论和实践问题,是对中国特色社会主义建设规律的认识深化。

9. 如何理解中国特色社会主义的实践特色、理论特色、民族特色、时代特色?

党的十八大报告提出:发展中国特色社会主义是一项长期的艰巨的历史任务,"我们一定要毫不动摇坚持、与时俱进发展中国特色社会主义,不断丰富中国特色社会主义的实践特色、理论特色、民族特色、时代特色"。

中国特色社会主义是当代中国发展进步的根本方向,是全党全国各族人民团结奋斗的旗帜。这面旗帜具有鲜明的实践特色、理论特色、民族特色、时代特色。

　　首先,中国特色社会主义有着鲜明的实践特色。中国特色社会主义事业是一项前无古人的事业,没有现成的经验可鉴,没有现成的模式可循,必须在改革和发展的具体历史实践中逐步探索适合中国国情的社会主义道路和社会主义制度。历经30多年发展,我们党领导人民在改革开放的伟大实践中成功开创了中国特色社会主义事业。实践特征是中国特色社会主义的根本特征,它是我们党的实事求是这一马克思主义思想路线在改革和社会主义现代化建设中的根本体现。

　　其次,中国特色社会主义有着鲜明的理论特色。中国特色社会主义作为人类历史上的伟大创举,始终离不开科学的理论指导,同时又在实践中孕育着新的理论。改革开放以来,我们党在领导人民开创和推进中国特色社会主义的历史进程中,始终坚持将马克思主义普遍真理与中国的具体实际和时代特征相结合,推动马克思主义的中国化或在中国的现实化和具体化,形成了包括邓小平理论、"三个代表"重要思想和科学发展观在内的中国特色社会主义理论体系。中国特色社会主义理论体系是中国特色社会主义不可或缺的理论组成,是中国特色社会主义这一伟大历史实践的理论表达。

　　再次,中国特色社会主义有着鲜明的民族特色。在开创中国特色社会主义伟大实践中,中国共产党人始终从最自觉、最彻底和最坚定的爱国主义出发,将科学社会主义基本原则同中国的历史和现实结合起来,同推动民族复兴的伟业结合起来,在改革开放的伟大历程中继续传承中国的历史和文明,并在中国特色社会主义伟大实践中再造中国新的辉煌。中国特色社会主义作为实现中华民族伟大复兴的根本路径,从一开始就体现和熔铸了鲜明的民族特色,与中国这一古老的东方大国的文明和历史传统有着无法割裂的历史性传承。

最后,中国特色社会主义有着鲜明的时代特色。改革创新是当今时代的时代精神,也是中国特色社会主义充满生机活力的源泉。中国特色社会主义始终高扬改革创新的伟大旗帜,通过改革突破传统的思维和体制束缚,通过创新确立适应社会生产力的解放和发展,适应社会全面进步要求的新体制新机制,实现我国社会主义制度在新的体制机制基础上的发展和自我完善。中国特色社会主义作为当代中国发展进步的旗帜,本身就是我们党带领人民顺应时代潮流而开创出来的,因而必然有着鲜明的时代特色。

10．我们如何坚定对中国特色社会主义的道路自信、理论自信和制度自信？

党的十八大报告号召全党,要坚定对中国特色社会主义的道路自信、理论自信和制度自信。这对于我们党正确把握中国未来的发展道路和前进方向具有重要的现实意义。

一是坚定对中国特色社会主义的道路自信。改革开放以来,我们党高举中国特色社会主义伟大旗帜,"既不走封闭僵化的老路、也不走改旗易帜的邪路",而是在改革和社会主义现代化建设实践中开辟出中国特色社会主义新路。我们党既坚持了科学社会主义基本原则,又根据和平与发展这一根本性的时代主题和社会主义初级阶段这一我国的最大实际,创造性地坚持和发展了社会主义,赋予其鲜明的时代特征和中国特色,并取得了举世瞩目的历史性成就。坚定对中国特色社会主义的道路自信,就必须深刻领会中国特色社会主义道路的基本内涵,坚信中国特色社会主义是当代中国一切发展进步的根本道路。

二是坚定对中国特色社会主义的理论自信。我们党始终是一个重视理论指导的马克思主义政党。改革开放以来,我们党以巨大的理论勇气和创新精神,在开创和推进中国特色社会主义事业的历史进程中形成了中国特色社会主义理论体系。在当代中国,坚持中国特色社会主义理论体系就是真正坚持马克思主义,因为中国特色社会主义理论体系是在新的历史条件下对马列主义和毛泽东思想的坚持、继承和发展,是对中国特色社会主义事业一系列重大理论和实践问题的探索和科学解答。坚定对中国特色社会主义的理论自信,就必须深刻把握中国特色社会主义理论体系的基本内容,在改革开放的伟大实践中坚定中国特色社会主义的理论信念。

三是坚定对中国特色社会主义的制度自信。中国特色社会主义的根本政治制度与基本政治制度和基本经济制度,以及经济、政治、文化、社会和生态文明等各个领域的具体制度,就是通过一系列充满活力、富有成效的体制机制来实现社会生产力的解放和发展,实现人民的共同富裕,实现人民当家作主,以改革创新精神推动中国特色社会主义制度的发展和自我完善。坚定对中国特色社会主义的制度自信,就必须深刻认识中国特色社会主义制度的基本实质,坚信中国特色社会主义制度是中国进一步改革和发展的根本制度保障。

我们党在进行革命建设改革 90 多年的历史征程中,成功开创了中国特色社会主义伟大事业,实现了中国历史上翻天覆地的变化,从根本上改变了中国人民和中华民族的前途命运,使具有五千多年文明历史的中国面貌焕然一新,中华民族伟大创新展现出前所未有的光明前景。这是我们党坚定对于中国特色社会主义的道路自信、理论自信、制度自信的最为深厚的历史和现实根据。

科学发展篇

　　发展,是当今世界也是当代中国的主题。推动经济社会发展,是我们党执政兴国的第一要务,对于全面建设小康社会、加快推进社会主义现代化,具有决定性意义。把发展作为党执政兴国的第一要务,是我们党成为执政党并将长期执政的历史地位决定的,既是在科学总结其他执政党兴衰成败的历史教训中得出的结论,也是解决中国特色社会主义初级阶段主要矛盾的必然选择。

1. 如何认识科学发展观形成的历史背景？

科学发展观，是党的第四代中央领导集体，立足我国社会主义初级阶段基本国情，总结我国发展实践，借鉴国外发展经验，适应新的发展要求提出来的。

从科学发展观形成的国内背景来说，我们要充分认清三个方面。其一，要充分认识到一个重大变化：经过新中国成立以来特别是改革开放以来的不懈努力，到本世纪初，我国取得了举世瞩目的发展成就，从生产力到生产关系、从经济基础到上层建筑都发生了意义深远的重大变化。其二，要充分认识到三个没有变：我国仍处于并将长期处于社会主义初级阶段的基本国情没有变，人民日益增长的物质文化需要同落后的社会生产之间的矛盾这一社会主要矛盾没有变，我国是世界最大发展中国家的国际地位没有变。其三，要辩证地、具体地把握不变之变：进入新世纪尤其是 2003 年我国人均国内生产总值突破 1000 美元，跨入了国际上通常所说的工业化关键阶段，既是发展的战略机遇期，又是矛盾凸显期，整个经济社会生活呈现出了一系列新的阶段性特征，这些阶段性特征同时又是社会主义初级阶段基本国情在新世纪新阶段的具体表现，是对我国经济社会发展提出的新要求。

从国际背景来说，科学发展观是在把握时代特征和总结借鉴国外发展经验的基础上提出的。第二次世界大战结束以来，无论是发达国家还是发展中国家，都经历了曲折的发展历程，既创造了新的经济奇迹，又产生了许多资源、环境和社会问题，并在此基础上提出了超出单纯增长观念的、综合的、可持续的、内生的、整体的等新发展观。进入新世纪新阶段,以胡锦涛为总书记的党中央科学分析和把握国际局势,一方面认为和平与发展仍然是当今时代的主题,另一方面充分认识到随着我国对外开放日益扩大,面临的国际竞争日趋激烈,发达国家在经济科技上占优势的压力长期存在,可以预见和难以预见的风险增多,统筹国内发展和对外开放要求更高。因此,科学发展也是我们把握复杂多变的国际形势、有效应对国际环境的挑战,实现中华民族伟大复兴的必然要求。

正确把握科学发展观形成的历史背景,不是要妄自菲薄、自甘落后,也不是要脱离实际、急于求成,而是要坚持把它作为推进改革、谋划发展的根本依据。正确把握科学发展观形成的历史背景,归根到底是为了立足社会主义初级阶段这个最大的实际,科学分析我国全面参与经济全球化的新机遇新挑战,全面认识工业化、信息化、城镇化、市场化、国际化深入发展的新形势新任务,深刻把握我国发展面临的新课题新矛盾,更加自觉地走科学发展道路,奋力开拓中国特色社会主义更为广阔的发展前景。

 2. 如何认识科学发展观形成的基本过程?

科学发展观的形成,本身是一个不断丰富和完善的过程。2003 年 4 月,胡锦涛总书记在广东视察工作,强调要坚持全面的发展观,积极探索加快发展的新路子,首次提出了从发展中国特色社会主义全局着眼的全面的发展观问题。2003 年 7 月 28 日,在全国防治"非典"工作会议上,胡锦涛进一步提出了科学发展观的全面协调可持续的基本要求。2003 年 8 月,胡锦涛在江西视察期间,明确提出了科学发展观的概念,强调要牢固树立新的发展观。2003年10月14日,党的十六届三中全会审议通过了《中共中央关于完善社会主义市场经济体制若干问题的决定》,进一步对科学发展观进行了概括,提出要坚持以人为本,树立全面、协调、可持续的发展观,促进经济社会和人的全面发展。这标志着科学发展观的正式确立并成为我们党指导经济社会发展的重大战略思想。自此以后,科学发展观成为我们党分析国情、党情和世情的锐利思想武器。

2004年5月15日,胡锦涛在江苏考察工作时,围绕我国改革发展正处于关键时期这一论断,强调指出如何根据新形势、新任务的要求,不断推进全面建设小康社会进程,开创中国特色社会主义事业新局面,是必须深入思考和认真抓好的重大课题。认为能不能抓住新机遇、解决新问题、实现新发展,是对我们党执政能力的重大考验,也是对我们民族凝聚力和创造力的重大考验。2004年9月19日,胡锦涛在党的十六届四中全会第三次会议上发表重要讲话,把十六届四中全会精神和《中共中央关于加强党的执政能力建设的决定》纳入科学发展观的理论体系,从科学发展的高度为如何加强党的执政能力建设指明了方向。2005年12月15日,胡锦涛在青海考察工作结束时发表重要讲话,对科学发展观作出了明确的战略定位,标志着科学发展观作为完整、系统的科学理论正式形成。

2006年10月,党的十六届六中全会通过了《中共中央关于构建社会主义和谐社会若干重大问题的决定》,详细阐述了在科学发展观的指导下构建社会主义和谐社会的指导思想、目标任务和原则。2006年12月5日,胡锦涛进一步阐述了贯彻落实科学发展观的体会和经验("六个必须"),并提出将"又好又快发展"作为全面落实科学发展观的本质要求。2007 年 10 月,党的十七大对科学发展观的形成基础、科学内涵、精神实质和基本要求等作出了全面阐述,并把科学发展观写入了党章。2012 年 11 月,党的十八大在总结过去五年来贯彻落实科学发展观实践经验的基础上,对科学发展观的科学内涵进行了更加凝练的概括,并将科学发展观同马克思列宁主义、毛泽东思想、邓小平理论和"三个代表"重要思想并列为我们党必须长期坚持的指导思想。

正如十八大报告所言,实践发展永无止境,认识真理永无止境,理论创新永无止境,科学发展观的内涵也将随着中国特色社会主义伟大实践的开展而不断丰富和发展。

3. 科学发展观为什么是我们党必须长期坚持的指导思想?

首先,科学发展观是以胡锦涛为总书记的第四代中央领导集体,坚持以马克思列宁主义、毛泽东思想、邓小平理论、"三个代表"重要思想为指导,勇于推进实践基础上的理论创新,围绕坚持和发展中国特色社会主义所提出一系列紧密相连、相互贯通的新思想、新观点、新论断。对包括这些新思想、新观点、新论断在内的科学发展观的深入贯彻,是过去十年间党领导全国各族人民取得全面建设小康社会新胜利的关键所在。

其次,科学发展观对我国在新形势下实现什么样的发展、怎样发展等重大问题作出了新的科学回答,把我们对中国特色社会主义的规律性认识提高到新的水平,开辟了当代中国马克思主义发展新境界。人类社会的解放和发展是马克思主义最根本的主题。马克思、恩格斯和列宁等马克思主义者从历史唯物主义和科学社会主义等角度对此作出过深刻论述。科学发展观是马克思主义同当代中国实际和时代特征相结合的产物,既是马克思主义关于发展的世界观和方法论的集中体现,又是马克思主义进一步中国化的理论成果。

再次,科学发展观是中国特色社会主义理论体系最新成果,是中国共产党集体智慧的结晶,是指导党和国家全部工作的强大思想武器。中国特色社会主义理论体系是一个有机的整体。邓小平理论重点回答了"什么是社会主义,如何建设社会主义"的问题,从中国改革开放和社会主义现代化建设实际出发,系统阐述了社会主义初级阶段理论、社会主义本质理论、社会主义市场经济理论和改革开放理论,形成了中国特色社会主义理论体系的基本框架和主体内容。"三个代表"重要思想在邓小平理论的基础上,针对苏东剧变以后经济全球化和世界多极化的发展趋势,根据世情、国情和党情的变化,重点回答了"建设一个什么样的党,怎样建设党"的问题。进入新世纪新阶段以后,以胡锦涛为总书记的第四代中央领导集体着眼于中国特色社会主义伟大事业的全局,以马克思列宁主义、毛泽东思想、邓小平理论和"三个代表"重要思想为指导,不断总结新的实践经验,从总体上回答了当代中国"实现什么样的发展,怎样发展"的问题,拓宽了中国特色社会主义理论体系的思想视野,深化了中国特色社会主义理论体系的发展主题,凸显了中国特色社会主义理论体系的价值取向。

鉴于科学发展观对于中国特色社会主义建设事业所具有的重要理论和实践意义,十八大将其同马克思列宁主义、毛泽东思想、邓小平理论、"三个代表"重要思想,并列为我们党必须长期坚持的指导思想。

4. 深入贯彻落实科学发展观对坚持和发展中国特色社会主义具有什么样的现实和历史意义?

深入贯彻落实科学发展观,对坚持和发展中国特色社会主义具有重大的现实意义和深远的历史意义。

首先,深入贯彻落实科学发展观,是过去十年我们国家取得一系列重大成就的根本原因。进入新世纪新阶段后,国际局势风云变幻,综合国力竞争空前激烈,我们国家在党的坚强领导下,深化改革开放,加快发展步伐,以加入世界贸易组织为契机,变压力为动力,化挑战为机遇,坚定不移推进全面建设小康社会进程。在前进过程中,战胜突如其来的非典疫情,认真总结我国发展实践,准确把握我国发展的阶段性特征,及时提出和全面贯彻科学发展观等重大战略思想,开拓了经济社会发展的广阔空间。

在十分复杂的国内外形势下,我们党和人民经受住了严峻考验,巩固和发展了改革开放和社会主义现代化建设大局,提高了我国国际地位,彰显了中国特色社会主义的巨大优越性和强大生命力,增强了中国人民和中华民族的自豪感和凝聚力。

其次,深入贯彻落实科学发展观,又是继续把中国特色社会主义伟大事业推向前进的根本指针。过去十年,我们国家在取得一系列新的历史性成就的同时,还存在许多前进道路上必须严肃面对的困难和问题。这些问题主要包括:发展中不平衡、不协调、不可持续问题依然突出,科技创新能力不强,产业结构不合理,农业基础依然薄弱,资源环境约束加剧,制约科学发展的体制机制障碍较多,深化改革开放和转变经济发展方式任务艰巨;城乡区域发展差距和居民收入分配差距依然较大；社会矛盾明显增多，教育、就业、社会保障、医疗、住房、生态环境、食品药品安全、安全生产、社会治安、执法司法等关系群众切身利益的问题较多，部分群众生活比较困难；一些领域存在道德失范、诚信缺失现象；一些干部领导科学发展能力不强，一些基层党组织软弱涣散，少数党员干部理想信念动摇、宗旨意识淡薄，形式主义、官僚主义问题突出，奢侈浪费现象严重；一些领域消极腐败现象易发多发，反腐败斗争形势依然严峻。要实现全面建成小康社会进而实现中华民族伟大复兴的宏伟目标，必须高度重视这些困难和问题，通过深入贯彻科学发展观来进一步认真加以解决。

5. 什么是深入贯彻落实科学发展观的第一要义？

深入贯彻落实科学发展观的第一要义是发展。

科学发展首先是发展。发展，是当今世界也是当代中国的主题。推动经济社会发展，是我们党执政兴国的第一要务，对于全面建设小康社会、加快推进社会主义现代化，具有决定性意义。把发展作为党执政兴国的第一要务，是我们党成为执政党并将长期执政的历史地位决定的，既是在科学总结其他执政党兴衰成败的历史教训中得出的结论，也是解决中国特色社会主义初级阶段主要矛盾的必然选择。中国共产党在中国这样一个经济文化相对落后的发展中大国中领导人民进行社会主义现代化建设，同时还要面对世界范围内日趋激烈的国际竞争，能不能解决好发展问题，直接关系到党和国家的前途命运，关系到人心向背、事业兴衰。坚持以发展为主题，用发展的眼光、发展的思路、发展的办法来解决前进中遇到的问

题,是改革开放以来我们党执政兴国的一条重要经验。坚持发展这个第一要义,关键就在于牢牢拴住经济建设这个中心,坚持聚精会神搞建设、一心一意谋发展,不断解放和发展社会生产力,为坚持和发展中国特色社会主义打下牢固基础。

科学发展同时是又好又快地发展。首先,实现又好又快发展,要处理好改革、稳定和发展的关系。发展是主题,改革是途径,稳定是保障,三者缺一不可。发展,要通过改革消除体制性机制性障碍,才能更好地实现预期目标。改革,往往伴随着局部利益的调整,如何处理好人们的利益关系,从而保持社会稳定,是改革能否顺利进行,发展目标能否如期实现的重要条件。其次,实现又好又快发展,在牢牢扭住经济建设这个中心的同时,必须下大力气实现与之相匹配的社会建设、政治建设、文化建设和生态文明建设的改革与发展目标。贯彻落实科学发展观,既要保持经济总量和人均 GDP 的持续增长,也要将社会、政治、文化和生态文明建设纳入科学发展的轨道。因此,坚持发展这个第一要义,关键还在于着力把握发展规律、创新发展理念、破解发展难题,深入实施科教兴国战略、人才强国战略、可持续发展战略,加快形成符合科学发展要求的发展方式和体制机制,努力实现以人为本、全面协调可持续的科学发展,实现各方面事业有机统一、社会成员团结和睦的和谐发展,实现既通过维护世界和平发展自己、又通过自身发展维护世界和平的和平发展。

6. 什么是深入贯彻落实科学发展观的核心立场?

深入贯彻落实科学发展观的核心立场是以人为本。

　　作为科学发展观核心立场的以人为本,并不简单等同于中国古代的民本思想。我国古代的民本思想可谓源远流长,《尚书》中说"民惟邦本,本固邦宁",《管子》提出"夫霸王之所始也,以人为本,本治则国固,本乱则国危",孟子更认为"民为贵,社稷次之,君为轻"。这些思想一直为中国历朝历代进步的思想家与政治家所推崇和践行,并在一定程度上缓和了社会矛盾,减轻了人民的负担。但民本思想中的"民",始终是与"君"相对应的,对"民"的注重与强调,非但不会瓦解"君"与"民"之间的统治和被统治关系,反而是以加强和巩固这种关系为根本目标的。正像毛泽东曾经形象地说过的那样,过去的统治者讲"爱民",其实同讲"爱牛"差不多,为的或者是用牛耕田,或者是从牛身上挤奶。

　　作为科学发展观核心立场的以人为本,也不同于现代西方的人本主义、人文主义或人道主义。现代西方的人本主义是随着欧洲文艺复兴和宗教改革运动兴起的社会政治思潮,它反对迷信崇尚科学,反对专制崇尚自由,反对教权高扬人性,在历史上发挥过重要的解放和进步作用,推动了西方传统社会向现代社会的转型。但这种人本主义,本质上是以私有财产为基础的个人主义和以现代科学技术为基础的功利主义,它把人理解为抽象的、独立的意志主体和思维主体,用抽象的、永恒不变的人性解释社会和历史,从而为资本主义的政治、经济和法律制度提供所谓合乎理性的基础。

　　作为科学发展观核心立场的"以人为本"中的"人",既不是中国古代民本思想中的"民",也不是现代西方人本主义中原子式的独立个体,而是马克思主义所理解的社会主义社会的、具体的、历史的人,是建立在他们共同的、社会的生产能力成为从属于他们自己的社会财富这一基础之上的自由个性。这样的自由个性的联合体就是我们所说的"人民"。科学发展观的"以人为本"是以"人民"为本。全心全意为人民服务是我们党的根本宗旨,党的一切奋斗和工作都是为了造福人民。把以人为本作为深入贯彻落实科学发展观的核心立场,意味着必须始终把实现好、维护好、发展好最广大人民根本利益作为党和国家一切工作的出发点和落脚点,尊重人民主体地位,发挥人民首创精神,保障人民各项权益,走共同富裕道路,促进人的全面发展,做到发展为了人民、发展依靠人民、发展成果由人民共享。

7. 什么是深入贯彻落实科学发展观的基本要求?

深入贯彻落实科学发展观的基本要求是全面协调可持续。

马克思主义认为,人与人、人与自然的和谐共荣,是社会主义社会的本质特征。马克思曾经明确指出,动物只是按照它所属的那个物种的尺度和需要与自然环境发生关系,而人就其潜在的能力来说,懂得按照任何一个物种的尺度来进行生产,并且懂得处处把人的内在尺度运用于对象,因而人也是按照美的规律来进行生产。但这种按照美的规律来进行生产的潜能要真正变成现实,需要经过一部人类的演化历史,特别需要扬弃人与人之间的建立在生产资料私有制基础上的矛盾与对抗。因为,在马克思看来,社会化了的人,也就是联合起来的自由个性,将合理地调节他们和自然之间的物质变换,把生产置于他们的共同控制之下,而不让它作为盲目的力量来统治自己,从而能够通过消耗最小的力量,在最无愧于和最适合于人类本性的条件下进行这种物质变换。

起源于欧洲文明的现代性社会,在追求更高生产效率的同时制造了人与人、人与自然之间关系的空前紧张和对立。一方面加剧了人口与资源之间的矛盾,造成了严重的环境污染和生态安全问题,另一方面加剧了人与人之间的恶性竞争,造成了严重的贫富分化和社会公正问题。科学发展观是对片面追求高增长的人类发展模式的深刻反省,是中国特色社会主义从中国实际和社会主义社会性质出发,对自身发展方式作出的重大战略性调整。

十八大报告指出,自觉地把全面协调可持续作为深入贯彻落实科学发展观的基本要求,必须全面落实经济建设、政治建设、文化建设、社会建设、生态文明建设五位一体的总体布局,要促进现代化建设各方面相协调,促进生产关系与生产力、上层建筑与经济基础相协调,从而不断开拓生产发展、生活富裕、生态良好的文明发展道路。所谓全面,指的是科学发展要有整体性,在中国特色社会主义事业五位一体的总体布局中,经济建设、政治建设、文化建设、社会建设、生态文明建设缺一不可;所谓协调,指的则不仅是五位一体总体布局的面面俱到或平均用力,而是要求相互之间能够协同有机发展,相互促进而不是相互掣肘,既不能丢失经济建设这个中心,又要推动包括经济、政治、文化、社会和生态在内的全面发展和全面进步,既要促进生产力和经济基础的发展,又要不断完善与之相匹配的生产关系和上层建筑;所谓可持续,是在全面协调的空间关系的基础上,加入时间性的维度,不仅要当前全面协调发展,而且要长远全面协调发展。

8. 什么是深入贯彻落实科学发展观的根本方法?

深入贯彻落实科学发展观的根本方法是统筹兼顾。统筹兼顾

是马克思主义认识论和方法论的中国化和时代化表达。

统筹兼顾的基本前提，是坚持一切从实际出发，正确认识和妥善处理中国特色社会主义事业中的重大关系。这些重大关系，主要包括改革、发展和稳定的关系，内政、外交和国防的关系，治党、治国和治军的关系，城乡发展的关系，区域发展的关系，经济与社会发展的关系，人与自然和谐发展的关系，国内发展和对外开放的关系，中央和地方的关系，个人利益和集体利益的关系，局部利益和整体利益的关系，当前利益和长远利益的关系，国内和国际两个大局之间的关系等。其中，最为关键的是统筹各个发展，统筹中央和地方关系，统筹国内和国际两个大局。

统筹城乡发展，就是要从现代化建设全局出发，认真落实工业反哺农业、城市支持农村的方针，逐步改变城乡二元格局，缩小城乡差距，建立城乡经济社会发展一体化新格局，以"三农"的发展为突破，通过"三农"发展带动现代化建设各个方面的发展。统筹区域发展，就是要从国家总体发展全局出发，统筹规划，因地制宜，以各个区域的历史与现实为依据，根据各个区域的特点和优势，充分发挥各个区域在国家经济社会发展整体布局中的积极作用，使各个区域相互协调、相互促进、共同发展。统筹经济社会发展和统筹人与自然和谐发展，就是要按照中国特色社会主义事业"五位一体"的总布局，使政治、文化、社会、生态文明建设与经济发展相配合、相适应，正确处理经济建设、人口增长与资源利用、生态环境保护之间的关系，增强全面协调可持续发展的能力。统筹中央和地方的关系，就是要善于发挥中央和地方两个积极性，既坚持全国一盘棋，保证中央政令畅通、令行禁止，使各项宏观规划和关系整体大局的事务能够得到贯彻实施，又支持地方因地制宜地开展工作，充分发挥地方在经济社会发展中的积极性、主动性和创造性。统筹国内国际两个大局，就是要树立世界眼光，加强战略思维，善于从国际形势发展变化中把握发展机遇、应对风险挑战，为国内发展营造良好的国际环境。

总之，统筹兼顾，就是既要总揽全局、统筹规划，又要抓住牵动全局的主要工作、事关群众利益的突出问题，着力推进、重点突破。其最终目标，是要充分调动各方面积极性，努力形成全体人民各尽其能、各得其所而又和谐相处的生动局面。

 ## 9. 什么是科学发展观最鲜明的精神实质？

科学发展观最鲜明的精神实质是解放思想、实事求是、与时俱进、求真务实。我们知道，"实事求是"是毛泽东思想的精髓，"解放思想、实事求是"是邓小平理论的精髓，"与时俱进"是"三个代表"重要思想的理论品格。这一点充分表明，科学发展观作为对毛泽东思想、邓小平理论和"三个代表"重要思想等马克思主义中国化理论成果的内在延续，作为中国特色社会主义理论体系新的发展阶段，在精神实质上是对此前理论成果的包含与继承。

"实事求是"，用毛泽东同志的话说，"实事"就是客观存在着的一切事物，"是"就是客观事物的内部联系，即规律性，"求"就是我们去研究。"实事求是"的要义，是必须将马克思列宁主义的理论和中国革命的实际运动结合起来，既反对教条主义，也反对经验主义，在具体的历史实践中达到主观和客观、理论和实践、知和行的统一。邓小平同志在"实事求是"的基础上，进一步提出"解放思想、实事求是"。解放思想和实事求是是辩证统一、相互促进的，不解放思想，不可能做到实事求是，离开实事求是，就不是真正的解放思想。"解放思想",就是要始终做到一切从实际出发,而不是从本本和教条出发,使我们的理论、路线、方针和政策以及思想观念同社会主义初级阶段、同社会主义市场经济、同社会主义现代化建设相适应;"实事求是",就是要坚持马克思主义历史的、实践的、发展的观点,从社会主义现代化建设的全部"实事"中,从这些"实事"固有的相互联系中,从"实事"内部不断的发展变化中,去探求和把握事物发展变化的内在规律。江泽民同志进一步提出,坚持党的思想路线,"解放思想、实事求是、与时俱进",是我们党坚持先进性和增强创造力的决定性因素。能否始终做到"与时俱进",从根本上决定着我们党能否做到"三个代表",进而决定着党和国家的前途命运。"与时俱进"更加突出了党的思想路线的进取性、时代性、开放性和创新性。"求真务实",是胡锦涛同志在新的历史条件下对党的思想路线和工作作风的凝练概括。所谓"求真",就是"求是",也就是依据解放思想、实事求是、与时俱进的思想路线,去不断地认识事物的本质,把握事物的规律;所谓"务实",则是要在这种规律性认识的指导下,去做、去实践。党的历史充分表明,"求真务实"是我们党的一以贯之的优良传统和作风,是党的各项事业不断取得新胜利的根本保证。

充分领会科学发展观"解放思想、实事求是、与时俱进、求真务实"的精神实质,意味着我们要充分认识到,实践发展永无止境,认识真理永无止境,理论创新永无止境。由此精神实质出发,我们党必须勇于实践、勇于变革、勇于创新,把握时代发展要求,顺应人民共同愿望,不懈探索和把握中国特色社会主义规律,永葆党的生机活力,永葆国家发展动力,在党和人民创造性实践中奋力开拓中国特色社会主义更为广阔的发展前景。

10. 如何把科学发展观深入贯彻落实到我国现代化建设全过程和体现到党的建设各方面？

把科学发展观深入贯彻落实到我国现代化建设全过程、体现到党的建设各方面，关键要把握好以下几个方面。

首先，深入贯彻落实科学发展观，基础在于用马克思主义中国化最新成果武装广大党员、干部头脑。实践证明，思想理论建设是党的根本建设，坚持用实践基础上的理论创新成果武装全党，形成全党团结一心、共同奋斗的思想基础，是我们党加强自身建设、推动事业发展的重要保证。深入贯彻落实科学发展观，必须打牢推动科学发展的思想基础。一方面坚持把加强理论学习、转变思想观念作为首要任务，组织引导广大党员、干部在深化理论学习中提高思想认识，在提高思想认识中推动工作，在推动工作实践中提高能力本领；另一方面坚持理论联系实际，实现学习和实践有机统一，使党的理论创新成果转化为推动科学发展的思想力量、政策措施、实际能力、自觉行动。

其次，深入贯彻落实科学发展观，目的在于推动经济社会又好又快发展。实践证明，发展是解决中国一切问题的关键，发展应该是以人为本、全面协调可持续的科学发展。深入贯彻落实科学发展观，必须始终抓住发展这个党执政兴国的第一要务，把科学发展新要求和当前发展阶段新特征结合起来，加快经济发展方式转变，着力提高经济发展质量和效益，牢牢把握发展主动权。

第三，深入贯彻落实科学发展观，关键在于提高各级领导班子和领导干部领导科学发展能力。实践证明,各级领导班子和领导干部谋划科学发展的意识、推动科学发展的能力在很大程度上决定着贯彻落实科学发展观的成效。深入贯彻落实科学发展观,必须紧紧抓住领导班子和领导干部这个关键,帮助他们不断增强领导和推动科学发展本领,更好发挥组织领导和示范带动作用。

第四,深入贯彻落实科学发展观,根本在于发挥人民主体作用。实践证明,推动科学发展,一定要尊重人民主体地位,紧紧依靠人民群众,切实体现人民意愿,把全社会的发展积极性引导到推动科学发展上来。深入贯彻落实科学发展观,必须把实现好、维护好、发展好最广大人民根本利益作为一切工作的出发点和落脚点,使贯彻落实科学发展观的过程成为不断为民造福的过程,最大限度地把人民群众的智慧和力量凝聚到推动科学发展上来。

第五,深入贯彻落实科学发展观,动力在于创新体制机制。实践证明,创新体制机制是实现科学发展的必然要求。要立足于解决制约科学发展的突出矛盾和问题,着眼于建立健全保障和促进科学发展的体制机制、推动科学发展的政策法规、体现科学发展要求的规章制度,在解决问题与创新体制机制的结合上进行积极的探索。深入贯彻落实科学发展观,必须坚持求真务实、改革创新,加快构建充满活力、富有效率、更加开放、有利于科学发展的体制机制,为推动科学发展提供有力制度保障和持久推动力量。

小康社会篇

　　"小康"，是指一种生活比较殷实，可以安然度日的生活状况。它最早的记载出自《诗经》："民亦劳止，汔可小康. 惠此中国，以绥四方。"小康是一种感受，它是间于温饱与基本实现现代化之间的生活水平，即比温饱有余，比现代化不足；比落后有余，比发达差很多。20世纪末，中国人民生活水平总体上达到了小康水平。

1. 什么是小康？小康生活是一种什么样的水平？

"小康"，是中国古代现实生活中形成的对社会形态的描述，指一种生活比较殷实，可以安然度日的生活状况。它最早的记载出自《诗经》："民亦劳止，汔可小康. 惠此中国，以绥四方。"

在这首诗里，"小康"作为受压迫的民众需要稍稍得到安养生息，表达了他们朴素的生活理想。而在《礼记·礼运》中，"小康"作为一种社会模式得到最早的系统阐述，在这部儒家经典中，"小康"是相对于"大同"而言的一种社会形态，与"大道之行，天下为公"的"大同"社会的根本区别是："今大道既隐，天下为家。各亲其亲，各子其子，货力为己；大人世及（贵族世袭）以为礼，城郭沟池以为固，礼义以为纪，以正君臣，以笃父子，以睦兄弟，以和夫妇，以设制度，以立（设置）田里"等等。

1979 年 12 月 6 日，邓小平在会见日本首相大平正芳时首次提出"小康"概念，用以描述"中国式的现代化"。他在 1984 年说"所谓小康，就是到本世纪末，国民生产总值人均 800 美元"。1987 年 10 月，党的十三大正式将实现小康列为"三步走"发展战略的第二步目标。即要在发展国民经济的基础上，使我国人民的生活在温饱的水平上进一步提高的阶段性标志，逐步实现物质生活比较宽余，精神生活比较充实，生活环境改善，人口素质提高，公益事业发展，社会治安良好。

因此，小康是一种感受，它是间于温饱与基本实现现代化之间的生活水平，即比温饱有余，比现代化不足；比落后有余，比发达差很多。20 世纪末，中国人民生活水平总体上达到了小康水平。

2．为什么把全面建成小康社会确定为十八大的主题？

把全面建成小康社会确定为十八大的主题，是中国共产党历史使命的必然要求。中国共产党从1921年7月成立开始，到建党100周年，有两个艰巨的历史使命：第一个使命是搞革命，使中国的劳苦大众得解放，这第一个使命，毛主席领导我们已经完成；第二个使命是，到建党100周年即2021年左右，让全中国劳动人民全面过上小康生活。

1921年，在马克思主义与中国工人运动和民族解放潮流相结合中诞生了中国共产党。我们党一成立就面临两大历史任务：争取民族独立和实现国家富强。这两大历史任务也就是中国共产党的两大历史使命。这两大历史使命与我们党为实现共产主义崇高目标而奋斗并不矛盾。为了实现共产主义远大目标必须分阶段向前推进。而每一阶段都有当时的奋斗纲领即历史使命。中国共产党是最高纲领与现阶段纲领的统一论者。我们现在的努力是朝着最终实现共产主义这崇高目标前进的。忘记远大目标，不是合格的共产党员。不为党在现阶段的纲领或使命而努力奋斗，同样不是合格的共产党员。

中国共产党肩负的这两大使命是两个历史阶段的奋斗纲领。既有明显区别，又有密切联系。只有赢得民族独立，才能为实现国家富强和人民共同富裕奠定政治前提和制度基础。只有真正实现了国家繁荣富强和人民共同富裕，才能完成中国共产党承担的实现中华民族伟大复兴的历史使命。中国共产党在九十年的奋斗历程中，用了28年时间完成了实现民族独立和人民解放这第一大历史使命。用了 60 多年时间致力于国家繁荣富强和人民共同富裕而努力奋斗,并且取得了举世公认的成就。

但是,我国仍然是世界上最大的发展中国家,经济社会发展面临巨大的人口、资源、环境压力,发展中的不平衡、不协调、不可持续的问题依然突出,实现国家繁荣富强和人民共同富裕还有很长的路要走。因此发展仍然是中国共产党重大的历史使命。新中国成立60 多年来我们党对发展这个重大历史使命的不断认识和不懈奋斗经历了一个较长的过程。

邓小平曾经深刻指出,"要懂得些中国历史,这是中国发展的一个精神动力"。回顾新中国成立以来,党对发展不断认识并形成了科学发展观的历史过程,对于深刻把握发展是中国共产党重大的历史使命,对于我们更加自觉走科学发展道路,进一步推动经济社会又好又快发展,对于我们万众一心地为实现中华民族伟大复兴的历史使命继续努力奋斗,具有重要的理论意义和现实意义的。

通俗地讲,党的第一个使命是领导人民得解放;第二个使命是让人民全面过上小康生活,我们党的宗旨就是全心全意为人民服务,我们第一个服务让穷人翻身得解放,我们第二个服务让劳动人民全面过上小康生活。所以,距离建党 100 周年还有 9 年,中国共产党第十八次全国代表大会把全面建成小康社会确定为本次党代表大会的主题,这是党的两大历史使命使然。

3. 如何充分认识提出全面建成小康社会奋斗目标新要求的时代背景?

在不同历史时期,根据人民意愿和事业发展需要,提出富有感召力的奋斗目标,并团结带领人民为之奋斗,是我们党领导人民从胜利走向胜利的成功经验。进入新世纪,党的十六大提出本世纪头20年全面建设小康社会的宏伟目标,党的十七大根据国内外形势的新变化,顺应各族人民过上更好生活的新期待,在党的十六大确立的全面建设小康社会奋斗目标基础上提出了新要求。

党的十八大认真总结了党的十六大以来全面建设小康社会取得的巨大成就,充分考虑了广大人民群众的新期待,深刻分析了国内外形势的新变化、全面建成小康社会面临的新情况新问题,认为有必要从新的实际出发,在党的十六大、十七大确立的目标基础上对到2020年全面建成小康社会提出与时俱进的新要求。

一是全面建设小康社会取得重大进展。党的十六大以来的10年,以胡锦涛同志为总书记的党中央团结带领全国各族人民,以邓小平理论和"三个代表"重要思想为指导,深入贯彻落实科学发展观,抓住机遇、应对挑战,顽强拼搏、开拓进取,朝着党确定的目标迈出了坚实步伐,取得一系列新的历史性成就,为全面建成小康社会打下了坚实基础。

从2002年到2011年,我国经济总量从世界第六位跃升到第二位,人均国内生产总值从1000多美元增加到5400多美元,货物贸易进出口总额从世界第五位跃居第二位,国际地位和影响力显著提高。结构调整取得重要进展,粮食连续9年增产,战略性新兴产业发展壮大,传统产业不断改造升级,现代服务业快速发展,基础设施得到很大完善。

区域发展协调性明显增强,城镇化进程加快,城镇人口超过农村人口。自主创新能力大幅提高,载人航天、探月工程、载人深潜、超级计算机实现重大突破,创新性国家建设成效显著。

公民政治参与有序扩大,人民合法权益得到保障。文化建设迈上新台阶,文化体制改革全面推进,公共文化服务体系建设取得重大进展,文化产业快速发展,文化走出去步伐加快。

保障和改善民生成效显著,农业税全面取消,城乡居民收入大幅度提高,城镇居民人均可支配收入从 7703 元增加到 21810 元,农村居民人均纯收入从 2476 元增加到 6977 元;城乡就业持续扩大;教育事业迅速发展,城乡免费义务教育全面实现;城乡基本养老保险制度全面建立,新型社会救助体系基本形成;全民医保基本建立,城乡基本医疗卫生制度初步建立;基本公共服务水平和均等化程度明显提高,居民家庭财产普遍增加,消费结构快速升级,衣食住行用条件显著改善,城乡低收入群体基本生活得到保障,文化生活丰富多彩。加强和创新社会管理,社会保持和谐稳定。生态文明建设取得积极进展。

总的来看,这 10 年,我国经济建设、政治建设、文化建设、社会建设、生态文明建设全面推进,社会生产力、经济实力、科技实力迈上一个大台阶,人民生活水平、居民收入水平、社会保障水平迈上一个大台阶,综合国力、国际竞争力、国际影响力迈上一个大台阶,国家面貌发生新的历史性变化。这 10 年,是我国经济持续发展、民主不断健全、文化日益繁荣、社会保持稳定的时期,是着力保障和改善民生、人民得到实惠更多的时期。

二是我国发展一系列阶段性特征的集中体现。进入新世纪,我国进入全面建设小康社会的新阶段。随着经济社会的发展,新的阶段性特征逐步显现。从根本上说,这些阶段性特征都是社会主义初级阶段基本国情的具体体现。目前,我国经济社会发展水平已经达到一个新的历史起点,人均国内生产总值超过了 5000 美元,一些地区超过了 10000 美元,这使我国发展的阶段性特征更加明显。

我们必须清醒地看到,尽管我们取得了重大成就,人民生活也有很大改善,但同人民过上更好生活的新期待相比还有不少差距,前进的道路上还有不少困难和问题。

当前和今后一个时期,我国经济社会发展面临的情况是复杂的,短期矛盾和长期矛盾叠加,结构性因素和周期性因素并存,各种潜在的挑战和风险凸显。这些困难和问题,是我国发展新的阶段性特征的集中体现,是经济社会发展到这个阶段躲不开绕不过去的挑战。这就要求我们在全面建设小康社会过程中,必须更加注重推动科学发展,更加注重促进社会和谐,更加注重用改革的办法解决前进中的问题。

三是我国发展的外部环境发生了深刻变化。当今世界正在发生深刻复杂变化,和平与发展仍然是时代主题,世界多极化、经济全球化深入发展,文化多样化、社会信息化继续推进,各国相互依存达到前所未有的程度,新兴市场国家和发展中国家整体实力增强,国际力量对比朝着有利于维护世界和平方向发展。

同时,世界格局进入深度调整期,国际政治经济秩序发生深刻变革,国际力量对比发生新的分化组合,新旧矛盾相互叠加,新旧力量相互博弈,传统安全威胁和非传统安全威胁相互交织,世界政治、经济、社会等领域不稳定不确定因素明显增多。

特别是导致国际金融危机的深层次矛盾尚未消除,主要经济体增长乏力,欧债危机持续发作,全球总需求低迷,国际贸易增速明显回落,各种形式的保护主义抬头,大宗商品价格在高位波动,新的风险在形成和集聚。我国综合国力和国际地位显著提高,抵御外部风险能力明显增强。

这些情况表明,国际金融危机必将带来国际政治经济格局的大调整大变革,我国发展的重要战略机遇期的内涵和条件正在发生变化。这就要求我们必须增强统筹国内国际两个大局能力,维护我国发展的重要战略机遇期,善于从国内国际因素的相互转化中把握和创造发展条件,积极应对和管控风险与挑战,确保在激烈的国际竞争中赢得主动。

4. 党中央为全面建成小康社会制订了什么样的时间规划?

从 2012 年到 2020 年底,中国共产党要领导全国人民在中国全面建成小康社会,时间是 8 年。到 2020 年底完成之后,用半年左右的时间对全面建成小康社会的基本情况予以总结、结算,然后到中国共产党建党 100 周年这天,也就是 2021 年 7 月 1 日这一天,中国共产党要向全国、全世界庄严宣布:小康社会在中国全面建成。

众所周知,发达国家的入门条件是人均 3 万美元,中等发达国家是人均 1 万美元。目前中国是人均 4500 美元。中国名义增长率每年约 22%,扣除通货膨胀投资拉动等因素,实际增长率为 11%,中国人口增长率约为 1%,相当于中国人均 GDP 每年增长 10%。$1 = 0.45 \times (1 + 10\%)x; x = 9$。也就是大约 9 年后人均 GDP 会达到 1 万美元。届时中国在世界上的排名大约是第 60 名。中国富裕程度将超越俄罗斯、巴西、阿根廷、泰国、马来西亚、土耳其等国家和地区。

同理,2030 年中国人均 GDP 将超过 3 万美元进入发达国家。由此来看,党中央和国家制定的到 2020 年全面建成小康社会的奋斗目标是在精心计算了我国国情和经济增长速度等一系列因素后作出的合理的目标选择。

5. 全面建成小康社会目标的提出经历了哪几个阶段？

全面建成小康社会经历了三个发展阶段。

第一个阶段：建设小康社会。小康社会是 1979 年邓小平同志接见日本首相大平正芳的时候，提出中国共产党要领导中国人民建成小康社会，1982 年，中国共产党第十二次全国代表大会把小康社会写进了代表大会的政治报告，同时确立了三步走的发展战略。

这个阶段经历了 23 年，我们从改革开放起步，从农村改革率先起步，从一部分人先富起来实现先富带后富起步，从农村联产承包责任制起步，23 年的探索，23 年的艰苦建设，23 年的发展，使我们为全面建成小康社会奠定了一个初步的基础。

第二个阶段：全面建设小康社会。2002 年中国共产党第十六次全国代表大会根据过去 23 年的奋斗，根据我们综合国力到 2002 年时候的实际情况，提出在中国要全面建设小康社会。

早在十六大以前，中国共产党就提出建设小康社会。十六大改为全面建设政治、经济、文化三位一体的小康社会。十六届五中全会以后，又增加一个社会，使小康社会建设成为集政治、经济、文化、社会四位于一体。

第三个阶段：全面建成小康社会。经过十年的发展，到党的十八大，我们把全面建设小康社会改为全面建成小康社会。也就是说，在 2012 年至 2020 年底，这 8 年时间我们要全面建成小康社会。

由此可见，全面建成小康社会经历了三个层面。第一个层面是提出这个主题；第二个层面是提出这个主题是我们党的历史使命使然;第三个层面就是小康社会目前进入了第三个发展阶段。

6. 用什么样的标准来衡量小康社会是否全面建成？

全面建成小康社会,主要有五个基本标准。

第一个标准:国民生产总值的标准。国民生产总值到 2020 年底要比 2010 年翻一番,以上海为例,上海 2010 年底人均 GDP11015 美元,十年以后要翻到约 22000 美元,这人均 22000 美元是中等发达国家的标准,是意大利、法国这种国家的标准,美国现在是人均约 4 万美元,我们现在和美国的人均差距近 10 倍,如果上海到 2020 年底达到 22000 美元的话,那人均就是美国人均的二分之一,这个任务相当硬。

第二个标准:人均收入标准。十八大第一次提出人均收入翻一番,以北京为例,2010 年北京有两个标准,第一个标准是城市人均可支配性收入 2 万元,那么到 2020 年底就是人均 4 万元,普通老百姓要是一家三口人的话,那应该是一年可支配性收入是 12 万元,这是城市;农村呢,2010 年底北京的农村人均标准达到了 1 万元,那到 2020 年,是人均纯收入 2 万元,一家三口人的话,那就是 6 万元。人均年收入标准翻一番,具体分为两部分:城市、城区人口,近郊远郊的农村人口。

第三个标准:人权与基本权益标准。说到底就是人民当家作主,到 2020 年底,我们能否实现全面小康,还有一个人权与基本权益的保障情况、实现情况的标准。

第四个标准:社会保障标准。老百姓的社会保障全覆盖,到底覆盖多少,给多少合适,给多了国家支付不起,给少了养不活人,十三亿人到底是个什么样标准的社会保障体系。

第五个标准:老百姓的综合素质标准。十八大报告指出,要发展人民满意的教育,要发展人民需要的公共卫生医疗卫生,要发展科技事业提高老百姓的科技素质,要发展社会主义文化提高老百姓的文明程度和老百姓的思想道德素质、科学文化素质、身体心理健康素质。简言之,发展科、教、文、卫四大事业,着眼点就是提高老百姓的综合素质标准。

7. 全面建成小康社会的指标体系框架有哪些内容?

根据全面建成小康社会的内涵及其目标确定的原则,全面建成小康社会的指标体系包括经济、社会、环境和制度四个方面的16项指标,经济方面4项指标(第1-4项),社会方面7项指标(第5-11项),环境方面3项指标(第12-14项),制度方面2项指标(第15-16项)。(载国务院发展研究中心发展战略和区域经济研究部“十一·五”计划基本思路研究课题组:李善同等所作研究)

第一项指标:人均GDP。人均国内生产总值反映的是一定区域内的经济发展水平。根据党的十八大报告,全面建设小康社会的目标是,到2020年,使我国国内生产总值比2010年翻一番。中国社会科学院副院长李扬说,在接下来的几年中,只要经济年均增速达到6.9%左右就可实现GDP翻一番目标,而考虑到人口增长因素,要实现人均收入翻一番的目标,对经济发展要求会更高一些,粗略测算GDP年均增速达到7.1%左右就可保障,而人均收入年均增速7%左右即可。"中国完全有能力实现这个目标,这也充分考虑了未来一段时间中国经济增长和人民生活改善的新格局,目标设定合理。"

第二项指标:非农产业就业比重。党的十八大提出,全面建成小康社会,要走广泛参与的新型工业化道路。走新型工业化道路,将有力地促进非农产业就业比重的提高。根据国际经验,在人均GDP达到3000美元左右时,非农就业比重可以达到60%左右。1890年,美国的人均GDP 3396美元(1990年国际美元),非农就业比重达到62.7%。1870年,英国的人均GDP 3263美元,非农就业比重达到67.2%。综上,我们估计,2020年,我国非农产业就业比重可望达到60%以上。

第三项指标:恩格尔系数。根据国际经验,人均GDP在3000美元左右时,居民消费的恩格尔系数均在30%上下。为了更准确地反映居民生活状态的变化情况,我们用城市居民消费的恩格尔系数、农村居民消费的恩格尔系数以及最低收入1/5人口消费的恩格尔系数作为描述全面建成小康社会生活目标的重要指标。

城乡居民消费的恩格尔系数。随着居民收入水平的提高,城乡居民消费的恩格尔系数均将继续下降。根据国际经验,我们估计,2020年,我国城市居民消费的恩格尔系数可以降到30%以下,农村居民的恩格尔系数可以降到40%以下。

最低收入1/5人口消费的恩格尔系数。关注最低收入1/5人口的生活状况,是国际上通行的研究社会公平状态的做法。2002年,城镇居民最低收入1/5人口消费的恩格尔系数已降到50%以下(为46.0%)。我们认为,到2020年时,全部人口中最低收入1/5人口消费的恩格尔系数至少应降到50%。

第四项指标:城乡居民收入。考虑到在全面建设小康社会的进程中,党中央提出的新的发展思想和"五个统筹"的发展要求将得

到贯彻落实,居民收入增长率与 GDP 增长率之间的差别有望缩小;城乡居民之间的收入相对差距也有望缩小。

可以估计,在 2020 年 GDP 翻两番之时,城镇居民人均可支配收入将是 2000 年的 3 倍左右,按 2000 年不变价计算,为 20000 元;农村居民人均纯收入将是 2000 年的 3.5 倍,按 2000 年不变价计算,为 8000 元;城乡居民收入之比由 2000 年的 2.8∶1 下降到 2.5∶1 左右。

第五项指标:基尼系数。基尼系数测定收入分配差异程度的指标。基尼系数的取值在 0 和 1 之间,取值为 0 时,表示收入分配绝对平均;取值为 1 时,表示收入分配绝对不平均。

根据世界银行研究报告——《中国:促进公平的经济增长》——提供的数据,1999 年,我国的基尼系数为 0.437。目前,多数学者认为,我国的基尼系数已在 0.45 以上,收入分配不甚合理。根据党的十八大的决定,我国将加大对于收入分配的调节力度。可以预计,在未来 20 年中,我国的基尼系数将呈下降之势,2020 年,有可能下降到 0.4 以下。

第六项指标:社会基本保险覆盖率。社会保障是一种社会稳定机制,是保证全体社会成员基本生存需要的手段,是促进经济、社会持续协调发展的有效工具。全面建成小康社会要求为全体国民提供基本的社会保障,包括基本的医疗保险、养老保险和最低生活保险。2020 年,社会基本保险覆盖率应达到 100%。

第七项指标:平均受教育年限。国际上一般选用 15 岁和 15 岁以上人口平均受教育年限作为判断国民受教育水平的依据。据联合国开发计划署《2001 人类发展报告》的资料,2000 年,我国 15 岁以上人口平均受教育年限为 6.4 年。同年,世界高收入国家为 10 年,美国为 12.1 年。我国一般选用 6 岁和 6 岁以上人口平均受教育水平作为判断国民受教育水平的依据。在全面建成小康社会的过程中,我国将全面实现9年义务教育,一些比较发达的地区可能实现更高水平的义务教育,同时,其他各种形式的教育也将得到较快发展,2020年,我国6岁以上人口平均受教育年限应达到10年。

第八项指标:出生时预期寿命。预期寿命是一个综合性较强的指标,既能反映社会、经济的进步状况和医疗水平的发展状况,也能从一个侧面反映人们的营养状况和生活质量的改善情况。

根据世界银行《2003年世界发展报告》,2000年低收入国家的出生时预期寿命为59岁,中等收入国家为69岁,中低收入国家为64岁,高收入国家为78岁,我国为71.4岁。我国的预期寿命显著地高于同等发展水平的发展中国家。估计2020年我国的预期寿命可达到75岁。

第九项指标:文教体卫增加值比重。根据美国、加拿大和墨西哥三国联合建立的北美产业分类方法(NAICS),文化产业包括娱乐业与电子传媒业、印刷业与出版业、旅行与旅游业。在我国的统计体系中,还不存在对于这类产业的系统统计。因此,我们选用文教体卫增加值占国内生产总值的比重作为反映文化产业的代行指标。2000年,我国文教体卫增加值占国内生产总值的比重为3.6%,文化产业比较落后。随着经济的发展和人们对于文化产业重要性认识的提高,我国的文化产业将得到较快的发展。据估算,至2020年,我国文教体卫增加值占国内生产总值的比重可达到10%。

第十项指标:犯罪率。为居民提供安全的生活环境是社会发展的重要内容。国际上,一般选用"暴力犯罪率"作为反映居民生活安全环境的逆指标。这里,我们选择刑事犯罪率作为反映居民生活安全环境的指标。2000年我国平均万人中公安机关立案的刑事案件29起,2020年应降至15起/万人以下。

第十一项指标：日均消费性支出小于 5 元的人口比重。日均消费支出小于 1 美元（购买力平价值）的人口比重是国际上通用的反映贫困状况和公平状况的重要指标。目前，我国缺乏类似的统计，但有关于城乡人口的贫困标准，可以根据这些标准设计这一指标。

现阶段，我国城市居民家庭贫困线为 2310 元/人，农村居民家庭贫困线为 627 元/人；城市最低救助标准应为每人每日 6.3 元，农村最低救助标准应为每人每日 1.7 元。这些标准是保证贫困人口基本生存需要的最低标准。根据全面建成小康社会的要求，我们认为，2020 年城乡贫困人口日均消费支出均不应低于按目前价格计算的 5 元。因此，我们设定，2020 年我国日均消费支出小于 5 元的人口比重应降到 0。

第十二项指标：能源利用效率。国际上一般选用千克油当量的产出（购买力平价值）作为反映能源利用效率的指标。由于对于购买力平价方法存在争议，还由于我国统计年鉴上只存在标准煤的数字，我们在世界银行《2001 年世界发展指标》提供的有关资料的基础上，根据汇率法的换算结果，以及油当量和煤当量的换算关系，估算了相关国家的能源利用效率：1998 年，我国千克煤当量的产出是 0.65 美元，世界平均水平是 2.32 美元，低收入国家 0.58 美元，中等收入国家 1.45 美元，上中等收入国家 1.82 美元，日本是 5.87 美元，美国是 2.66 美元。2000 年，我国千克煤当量的产出是 6.8 元（相当于 0.82 美元），比 1998 年有所提高，但是与世界平均水平相比还有很大差距。

随着技术的进步和新型工业化战略的实施，我国的能源利用效率将进一步提高。2020 年，按 2000 年的价格计算，我国千克煤当量的产出可达到 20 元（相当于 2.4 美元），与目前世界平均水平相当。

第十三项指标：使用经改善水源人口比重。国际上，用能够使用经过改善的水源的人口比重（以下简称安全卫生水普及率）作为评价居民用水状况的指标。根据世界银行《2001年世界发展指标》，2000年我国安全卫生水普及率为75％，世界平均水平为81％，上中等收入国家（人均GNI大于3000美元小于9400美元）为87％，高收入国家为100％。根据国际经验，2020年，城乡居民的安全卫生水普及率可达到90％左右。根据我国全面建成小康社会的要求，至2020年，我国城乡居民的安全卫生水普及率应达到100％。这一水平虽然高于目前上中等国家的水平，但是，是应该也是经过努力可以达到的目标。

第十四项指标：环境污染综合指数。环境质量是影响居民生活质量的重要因素。国际上通常选用环境污染综合指数作为评价环境质量的逆指标。我们建议采用环境污染综合指数作为反映环境质量状况的指标。环境污染综合指数是将大气、水质、噪声等污染状况综合起来对环境质量进行考察的指数。现在，国内有关方面正在研究环境污染综合指数的计算方法和判断标准。

第十五项指标：廉政建设。目前，国际上广泛使用由设在柏林的世界性反腐败组织——透明国际设计的腐败指标来评定公共机构的腐败状况。结合中国国情，同时考虑到可操作性以及数据的可获得性，我们建议用全国检察机关直接立案的贪污贿赂和渎职案件数与国家机关、政党机关和社会团体就业人数之比作为反映廉政状况的代行指标（姑且称之为"廉政指数"）。2000年我国万名国家机关、政党机关和社会团体就业人员中检察机关立案的件数为41起，至2020年，应降至10起/万人。

第十六项指标：政府管理能力。政府管理能力涉及公共财政管理、国家储备状况、法律法规建设、社会秩序维护等诸多方面。为体现小康指标体系的简洁性和易操作，我们选用非正常死亡率作为全面小康指标体系中评价政府管理能力的一个代行指标。这一指标能够在很大程度上反映政府的管理能力和应对危机的能力。非正常死亡包括因交通事故、火灾、安全生产事故，以及自然灾害等造成的死亡人数。由于数据的可获得性，我们用交通事故和火灾死亡人数的比重估计非正常死亡率，2000 年为 15‰，2020 年应降至 5‰。

8. 实现全面建成小康社会宏伟目标的新要求有哪些？

党的十八大报告根据我国经济社会发展实际，在十六大、十七大确立的全面建设小康社会目标的基础上，提出了到 2020 年实现全面建成小康社会宏伟目标的新要求。

一是经济持续健康发展。转变经济发展方式取得重大进展，在发展平衡性、协调性、可持续性明显增强的基础上，实现国内生产总值和城乡居民人均收入比 2010 年翻一番。科技进步对经济增长的贡献率大幅上升，进入创新型国家行列。工业化基本实现，信息化水平大幅提升，城镇化质量明显提高，农业现代化和社会主义新农村建设成效显著，区域协调发展机制基本形成。对外开放水平进一步提高，国际竞争力明显增强。

二是人民民主不断扩大。民主制度更加完善，民主形式更加丰富，人民积极性、主动性、创造性进一步发挥。依法治国基本方略全面落实，法治政府基本建成，司法公信力不断提高，人权得到切实尊重和保障。

三是文化软实力显著增强。社会主义核心价值体系深入人心，公民文明素质和社会文明程度明显提高。文化产品更加丰富，公共文化服务体系基本建成，文化产业成为国民经济支柱性产业，中华文化走出去迈出更大步伐，社会主义文化强国建设基础更加坚实。

四是人民生活水平全面提高。基本公共服务均等化总体实现。全民受教育程度和创新人才培养水平明显提高，进入人才强国和人力资源强国行列，教育现代化基本实现。就业更加充分。收入分配差距缩小，中等收入群体持续扩大，扶贫对象大幅减少。社会保障全民覆盖，人人享有基本医疗卫生服务，住房保障体系基本形成，社会和谐稳定。

五是资源节约型、环境友好型社会建设取得重大进展。主体功能区布局基本形成，资源循环利用体系初步建立。单位国内生产总值能源消耗和二氧化碳排放大幅下降，主要污染物排放总量显著减少。森林覆盖率提高，生态系统稳定性增强，人居环境明显改善。

9. 如何准确把握全面建成小康社会奋斗目标新要求的鲜明特点？

党的十八大报告提出的全面建成小康社会目标的新要求，具有以下 5 个鲜明特点：

一是以党的十六大、十七大提出的目标为基础，保持目标的连续性。发展目标是长期性与阶段性的统一。全面建成小康社会是一个长期性的总体目标，党的十六大、十七大提出的全面建设小康社会的奋斗目标，描绘了到 2020 年中国特色社会主义事业发展的宏伟蓝图。党的十六大以来经济建设、政治建设、文化建设、社会建设、生态文明建设取得的重大成就充分证明,这些目标符合我国的基本国情,符合科学发展观和建设社会主义和谐社会的要求,是完全正确的,我们必须继续为实现这些目标努力奋斗。党的十八大根据新的情况新的条件变化对一些具体指标进行调整和深化,提出发展改革的新要求,是在坚持已经确立的全面建设小康社会的总体目标基础上提出的,而不是另起炉灶提出一套新的目标。

二是集中精力着重解决全面建成小康社会进程中的突出矛盾和问题,使目标更具有针对性。当前和今后一个时期,我国经济社会发展中存在的突出矛盾和问题,是不平衡、不协调、不可持续问题,因此在目标要求的导向上,要把解决"三不"问题作为全面建成小康社会的主要着力点。党的十八大报告根据这些问题和矛盾有针对性地修订或增加一些定性和定量指标,以强化提高发展的质量、效益、全面性和实现可持续发展的目标导向,而不是面面俱到地进行修订。

三是增加深化改革开放的要求,突出改革开放在全面建成小康社会中的重要战略地位。21世纪第二个10年是我国现代化进程中具有关键意义的历史阶段,这期间我们不仅要着力解决好经济社会发展中的一些突出矛盾和问题,更要在重要领域和关键环节改革上迈出实质性步伐,以改革的办法解决发展中的问题,同时使社会主义市场经济体制更加完善,各方面制度更加成熟更加定型,为全面建成小康社会提供强有力的动力和制度保障。党的十八大报告强调,全面建成小康社会,必须以更大的政治勇气和智慧,不失时机深化重要领域改革,坚决破除一切妨碍科学发展的思想观念和体制机制弊端,构建系统完备、科学规范、运行有效的制度体系,并明确了经济、政治、文化、社会、生态文明各领域深化改革开放的重点和突破口。

四是把生态文明建设和加快建立生态文明制度的目标一起提出,体现了中国特色社会主义事业五位一体总体布局的要求。党的十七大明确提出了生态文明建设的目标,经过多年的实践,各方面普遍认为,必须把生态文明建设放在更加突出的地位,纳入中国特色社会主义事业总体布局,进一步强调生态文明建设的地位和作用。党的十八大报告根据这个要求,不仅在全面建成小康社会目标新要求中明确提出生态文明建设的目标,而且第一次明确提出加快建立生态文明制度的改革目标要求,使生态文明建设与经济建设、政治建设、文化建设、社会建设一道,在奋斗目标上完整体现了中国特色社会主义事业五位一体总体布局的要求。

五是提出了两个"翻一番"的新要求,既鼓舞人心又切实可行。党的十八大报告在经济持续健康发展的目标要求中,提出"在发展平衡性、协调性、可持续性明显增强的基础上,实现国内生产总值和城乡居民人均收入比二〇一〇年翻一番。国内生产总值或人均国内生产总值,是从总体上反映经济发展程度的核心指标。党的十六大提出"在优化结构和提高效益的基础上,国内生产总值到二〇二〇年力争比二〇〇〇年翻两番"。党的十七大根据当时经济发展实际情况,将这一指标修改为"在优化结构、提高效益、降低消耗、保护环境的基础上,实现人均国内生产总值到二〇二〇年比二〇〇〇年翻两番"。从发展情况看,2011 年,国内生产总值比上年增长9.3%,今后 9 年只要人均国内生产总值年均增长 4.5%即可实现党的十七大提出的目标。

党的十八大报告提出到 2020 年实现国内生产总值比 2010 年再翻一番,今后 9 年年均增长 7%就可实现,比较符合实际,增速也与"十二五"规划纲要一致。报告提出的另一个翻一番,是实现城乡居民人均收入到 2020 年比 2010 年翻一番的新要求,这个目标体现了民生优先、惠民富民的政策取向,也顺应了广大人民群众过上更好生活的新期盼。

10 年翻一番年均需增长 7.2%,考虑到 2011 年,城镇居民人均可支配收入比上年实际增长 8.4%,农村居民人均纯收入实际增长 11.4%,今后 9 年城镇居民人均可支配收入比上年实际增长 7%,农村居民人均纯收入实际增长 6.7%,就可以实现这个目标。从近几年发展实际看,实现这个目标是有把握的。

10. 深化改革全面建成小康社会的"五个加快"是什么?

全面建成小康社会,必须以更大的政治勇气和智慧,不失时机深化重要领域改革,坚决破除一切妨碍科学发展的思想观念和体制机制弊端,构建系统完备、科学规范、运行有效的制度体系,使各方面制度更加成熟更加定型。

一是加快完善社会主义市场经济体制,完善公有制为主体、多种所有制经济共同发展的基本经济制度,完善按劳分配为主体、多种分配方式并存的分配制度,更大程度更广范围发挥市场在资源配置中的基础性作用,完善宏观调控体系,完善开放型经济体系,推动经济更有效率、更加公平、更可持续发展。

二是加快推进社会主义民主政治制度化、规范化、程序化,从各层次各领域扩大公民有序政治参与,实现国家各项工作法治化。

三是加快完善文化管理体制和文化生产经营机制,基本建立现代文化市场体系,健全国有文化资产管理体制,形成有利于创新创造的文化发展环境。

四是加快形成科学有效的社会管理体制,完善社会保障体系,健全基层公共服务和社会管理网络,建立确保社会既充满活力又和谐有序的体制机制。

五是加快建立生态文明制度,健全国土空间开发、资源节约、生态环境保护的体制机制,推动形成人与自然和谐发展现代化建设新格局。

经济改革篇

当前，国际国内经济环境发生了重要变化，金融危机后发达国家进行了结构性改革，新的技术革命正在孕育。在这一背景下，中国经济要进入全新的阶段，完成我国经济发展模式转变这一深刻变革，就要把转变经济结构作为重点来抓。

1. 为什么说深化改革是加快转变经济发展方式的关键？

"深化改革是加快转变经济发展方式的关键。"这是党的十八大报告在科学分析转变经济发展方式进展缓慢原因的基础上做出的一个十分重要的判断，为我国今后加快转变经济发展方式指明了方向和路径。

当前，国际国内经济环境已发生了重要变化，金融危机后发达国家进行了结构性改革，新的技术革命正在孕育，中国自身也已进入"中等收入陷阱"的发展阶段。在这一背景下，如果不能有效解决快速发展中积聚的矛盾，尽快转变经济发展方式，经济就会陷入长期停滞。

任何发展方式都是一种动力机制的塑造和利益分配体制的安排。好的体制机制，就会有好的发展方式；反过来，体制机制不顺，发展方式也很难合理。在市场经济条件下，体制状况影响利益分配格局，利益分配格局引导人们行为，人们的行为决定发展方式的取舍。如果没有体制机制上的重大突破，就不可能有发展方式的根本性转变。长期以来，我国经济发展方式转变进展缓慢，究其原因，关键是相关领域改革滞后，经济体制不健全，科学发展仍面临诸多体制性障碍。因此，转变发展方式的本质要求是加快经济体制改革。这是因为：

第一，改善需求结构必须依靠深化改革。多年以来，我国经济增长的动力主要来自于投资，消费的贡献始终徘徊在低位水平，尤其是居民消费率连续多年快速下降，使得经济增长的内生风险日益加强。具体表现在,一是经济快速增长的同时,收入差距不断拉大,已开始制约中国经济健康、持续发展的态势。二是以追求效率提升为导向的初次分配改革发挥了促进经济增长的作用,但再分配改革却不尽如人意,致使公平严重缺失。三是收入差距的扩大加剧了社会群体之间的互不认同和对抗心态,在引起人们对改革不信任的同时,降低了改革红利。四是资源、劳动力等要素价格没有真正反映实际成本和供求关系,助长了投资需求过快、无序膨胀。因此,促进经济增长由主要依靠投资、出口拉动向依靠消费、投资、出口协调拉动转变,就必须深化投资、财税、价格、行政管理以及收入分配、社会保障、户籍管理等方面的改革。

第二,优化产业结构必须依靠深化改革。在通常的理解上,产业结构优化特指产业结构从旧的格局转向以高新技术产业为先导、基础产业和制造业为支撑、现代服务业全面发展的产业新格局。在此格局下,产业结构、产业规模、产业组织、产业技术装备等较以往都会发生显著的优化,其根本的表现则可以视为资本、劳动力等传统生产要素加速从衰退产业向新兴产业转移。此外,产业结构优化也是一个相对的概念,它并不是指产业结构水平的绝对高低,而是在国民经济效益最优的目标下,根据区域的地理环境、发展阶段、资源条件、科技水平、人口规模、对外经济关系等特点,通过产业结构调整,使之达到与上述条件相适应的各产业协调发展的状态。为此,就必须深化要素价格、财税体制、市场准入和监管体制等方面改革。

第三,优化要素投入结构必须依靠深化改革。我国经济增长方式仍然具有高投入、高消耗、高排放的特征。这种粗放型增长方式与不合理的资源配置模式密切相关。事实上,在实现科学发展的过程中,绿色化、生态化和低碳化本身就是经济发展的内在要求。一方面,资源的有限性和粗放发展带来的生态破坏将给人类带来严重的灾难与生存危机,追求可持续发展的观念逐渐成为人类社会的共识;另一方面,随着科技发展与人类精神文明的进步,人类日益重视对大自然的保护,环境友好和绿色发展的模式不仅越来越受到支持,而且也逐渐成为可能。因此,从根本上说,必须深化企业制度、科技体制、教育体制和其他方面体制的改革。

总之,以科学发展为主题,以加快转变经济发展方式为主线,是关系我国发展全局的战略抉择。要适应国内外经济形势新变化,加快形成新的经济发展方式,把推动发展的立足点转到提高质量和效益上来,着力激发各类市场主体发展新活力,着力增强创新驱动发展新动力,着力构建现代产业发展新体系,着力培育开放型经济发展新优势,关键是深化改革。

2. 为什么说推进经济结构战略性调整是加快转变经济发展方式主攻方向?

所谓经济结构,是指国民经济各组成部分的地位和相互的比例关系,包括所有制结构、产业结构、消费结构、生产结构和收入差别等等。在当前的背景下,党中央提出经济结构的战略性调整,不仅是应对全球经济严峻挑战的一种战略手段,更是指明了转变经济发展方式的主攻方向。

第一,经济结构战略性调整是化危为机的重要抓手。2012年以来,全球进入后金融危机时期,世界经济在大调整大变革之中出现了一些新的变化趋势,全面复苏必定是一个缓慢而复杂的过程,而如此多变的国际环境又给我国的国际贸易发展带来了很多不稳定的因素。深究这些不稳定的原因,主要还是我国的外贸结构不适应国内外市场的变化。我国原先依靠出口导向型战略,依靠模仿型创新,依靠廉价劳动力参与国际市场竞争的路子已难以为继,必须加快外贸结构的转变。加之我国产业结构亟待优化升级,消费内动力不足,科研技术和自主创新能力薄弱等,这些不仅对我国经济结构调整构成巨大压力和倒逼机制,也为我们未来的发展提供了新的机遇。我们此刻应抓紧时机,加快结构调整和转型升级,实现我国经济发展的内在推动,中国经济完全有可能在国际舞台上续写辉煌。

第二,经济结构战略性调整是稳增长的关键手段。2012 年 12 月份召开的中央经济工作会议,强调下一年度的经济工作重点是稳定增长。而保证我国经济能够稳定增长的基石,就是要形成良好的经济结构。为了追求上升速度和总量上的提高,我国经济在这十几年的迅猛发展期间,产生了很多的问题和矛盾,而在当前如此复杂的经济形势下,这些问题和矛盾的弊端愈发突出。战略性的调整经济结构,是解决目前我国经济发展中不平衡、不协调、不可持续等深层次问题的根本举措,也是巩固当前经济回升向好势头的迫切需要。我国要进行的经济结构调整,是有保有压、有促有控的,既有利于培育新的增长点,增加有效供给,又有利于淘汰落后产能,防止重复建设。这对于妥善地、平稳地转变我国的发展方式,保持经济平稳较快发展、管理好通胀预期,可以起到重要的平衡和调节作用。

第三,经济结构战略性调整是转变经济发展方式的核心任务。中国经济要进入全新的阶段,完成我国经济发展模式转变这一深刻变革,就要把转变经济结构作为重点来抓。目前我国发展方式粗放的特征比较明显,发展效率总体不高,发展代价过大,同时伴随着人口老龄化、劳动力低成本优势日渐减弱等问题,生产要素供给条件也发生重大变化,能源资源约束更趋强化,潜在增长水平也在日趋下降。这些都需要通过全面调整经济结构来从根本上转变。如加快制造业转型升级和技术创新;鼓励发展现代服务业,拓展服务业发展空间;加快培育发展战略性新兴产业,构建创新价值链,提升产业核心竞争力;提高劳动报酬等在初次收入分配的额度以促进广大居民消费;逐渐改变投资驱动模式为技术驱动模式;优化调整要素投入结构,加强节能增效和生态环保等等。在此过程中,我们也要保证经济结构的整体协调,即调整的进程要统一步调,全面规划。

3. 如何认识经济体制改革的核心问题是处理好政府和市场的关系?

加快经济发展方式转变,决定着未来中国经济的健康发展,其中,经济体制改革尤为重要。十八大报告明确指出:"经济体制改革的核心问题是处理好政府和市场的关系,必须更加尊重市场规律,更好发挥政府作用。"实际上,市场经济体制的核心问题就是政府和市场,十八大报告抓住了问题的要害。如果不把政府和市场的关系理顺好,经济体制的重点领域和关键环节改革就阻碍重重,很难进行下去。

第一,国外实践告诉我们,正确对待政府和市场的关系是确保经济健康发展重要环节。纵观各国经济流派和社会经济发展过程,我们不难看出,两者的关系不是对立的,而是要将两者相互结合在一起,才能发挥出巨大的作用。

自从美国经历大萧条后,凯恩斯的政府干预型经济理念开始在国际上占据主导位置,直到 20 世纪 70 年代石油危机,西方各国经济出现了"滞涨"(经济增长停滞和下滑与通货膨胀并存)现象,哈耶克、弗里德曼所坚持和弘扬的自由市场经济的理念才开始占领世界经济理论和思想的"制高点",但是近两年美国的房贷危机和全球大面积的经济衰退,又让大家燃起了对政府干预作用的美好憧憬和希望。

从发达国家走过的发展历程来看,政府这只"看得见的手"和市场"看不见的手",必须是密切结合起来的,而不是扭着较劲。我们既不能不讲求市场规律,束缚生产力发展,也不能只讲市场,偏废政府的管理职能。

第二,历史经验告诉我们,清晰划分政府和市场边界是我国经济体制改革的核心内容。我国改革开放三十多年来,在认识和处理政府与市场的关系上经历了计划经济为主、市场调节为辅、有计划的商品经济、社会主义市场经济等三个主要阶段。更清晰地划分政府和市场的角色是我国经济体制改革中尤为重要的部分,也是最应尽早推进的改革之一,因为在这上面花费的时间越长,改革的难度就越高。

作为发展中转型性国家,我国要不断重新审视和调整政府与市场的关系。理顺政府和市场关系,让二者各司其能,对经济发展模式从投资主导向消费主导转型有很大帮助,这可以使政府的经济职能转向提供良好的经济性公共服务,创造良好的市场环境上来,从而有效地发挥市场在资源配置中的基础性作用。因此,将政府和市场的关系作为核心来抓,是经济体制改革的关键,这是历史的经验,也是中国改革继续深入的切入点和着眼点。

第三,对我国而言,更加尊重市场规律、更好地发挥政府作用,是深化经济体制改革的关键。在政府与市场关系上,我国目前还存在许多问题急需改进。就政府方面而言,我国的经济体制中既存在政府对微观经济活动干预仍然过多的问题,也存在政府宏观调控的科学性、有效性、权威性需要提高的问题。如,利率管制、土地批租、基础设施建设垄断以及行政审批等造成的资源浪费、效率低下、成本过高等问题。就市场方面而言,目前的主要问题是市场在资源配置的基础性作用还有待提升,这主要体现为地区市场的行政分割、市场竞争的不充分、假冒伪劣产品排斥优质产品等等众多不良现象。

因此,加快经济体制变革,不仅要解决政府缺位、越位、错位的问题,也要加快形成统一、开放、竞争有序的现代市场体系的进程。

4. 为什么说城乡发展一体化是解决"三农"问题的根本途径?

党的十八大报告指出,解决好农业、农民、农村问题是全党工作的"重中之重",而推动城乡发展一体化是解决"三农"问题的根本途径,并将推动城乡发展一体化作为加快完善社会主义市场经济体制和加快转变经济发展方式的五项重点工作之一。

实际上,这一阐述不仅是对"三农"工作的政策理念的进一步发展,也是对于解决"三农"问题路径的顶层设计和建立新型工农城乡关系的科学思考。更为重要的是,人们普遍认识到,加快完善城乡发展一体化体制机制,就是要着力在城乡规划、基础设施、公共服务等方面实现城市与农村全面一体化,形成以工促农、以城带乡、工农互惠、城乡一体的新型工农、城乡关系。

第一,促进城乡发展一体化,需要以农业产业化为其物质基础,这也是实现农业增效、农民增收的主要渠道。自我国大力推进工业化发展以来,以城市为基础的工业化过程并没有相应合理的推进城镇化进程,这就要求我们必须把农村工业化与加快农村城镇化有机地结合起来,否则大量农业剩余劳动力不能顺利转移,任何解决"三农"问题的措施都只能具有短期效应。要通过农村产业化升级,以现代农业发展为重点提高农业产出效率,以城镇化工业为牵引,吸引农村剩余劳动力转移,把推进工业化、城镇化与解决"三农"问题紧密结合,为农民提供更多的就业岗位,使更多的农业人口转移到城市中去,形成一个城乡统筹的格局。

第二,促进城乡发展一体化,需要调整国民收入分配格局,并以此推动以工补农、以城带乡的政策转变。目前,我国已经进入了工业化中期发展阶段,初步具备了工业反哺农业、实施农业保护政策的条件。保护政策要确保增加农民收入,降低农业风险,提高农业竞争力。一是要增加对农村基础设施的投入,重点解决农村水、电、路等公共设施问题。这一过程不仅可以直接增加农民收入,也可以扩大内需,一举多得;二是加强对农村人力资本的投资力度,增加对农村教育和医疗事业的投入;三是加快农村金融体制改革,调整农村金融政策,在防范金融风险的前提下扩大农村金融的服务范围;四是农村征地制度改革,在土地流转过程中,要提高农民在土地增值收益中的分配比例,让农民参与到土地经济活动中来,而不是单纯被动的接受土地经济指令。

第三,促进城乡发展一体化,要求大力推进农村转移人口的城市化、城镇化。在以户籍制度为基础的二元社会架构下,城市居民和农村居民在就业、福利、收入水平、公共服务等方面均存在较大的差异。随着城乡一体化进程的推进,将加快建立城乡统一的劳动就业制度、社会保障体系等惠民工程;通过户籍制度改革,使户籍与其所享受的福利待遇逐步分离、脱钩;在逐步提高农业人口的社会保障水平的同时,实现人们在城乡之间更为自由地选择居住地,从而促使人口能均衡、合理地分布在城乡经济发展经济圈中,有助于缓解城市人口过度增长、冲破城市化单一发展的局限。

我国是一个具有 13 亿人口、农民实际仍占大多数、城乡发展极不平衡的发展中国家,农业基础依然薄弱,农民增收的长效机制尚未真正建立起来,解决好"三农"问题任重道远,城乡一体化是迈向全面现代化的必由之路,"重中之重"的要求也将贯彻于现代化建设始终。

5. 为什么说扩大内需是推进经济结构战略性调整的战略基点?

中国目前的宏观经济面正处于内、外双重约束的十字路口。从内部看,长期依靠高投资驱动的增长路径已经走到了尽头,实施高强度的宏观调控就是为了扭转这种不合理的发展模式。可以设想,即使没有外部因素干扰,经济发展方式的转型也是痛苦的,也会在一定时期内降低经济增长的速度。更不要说,我们在此期间又遇到了国际金融风暴的侵袭,这使得原本就有可能放慢增长速度的势头加快回落。因此,国内经济结构战略性调整的摩擦成本和国际环境恶化的风险成本,共同成为制约当前中国经济发展的双重难题。如果不了解这一背景,就无法切实地认识到我国"扩大内需"的深刻意义。

第一,寻求内外需比例的均衡与协调,可以降低中国宏观经济运行的外部风险,这是经济结构战略性调整的战略诉求。中国从1990 年代中期步入买方经济时代以后,产能过剩问题就一直为政府所重视。但令人费解的是,中国每次调整和促进之后,产能过剩的压力不是缩小了,反而迅速加大。事实上,这一怪圈的出现乃在于中国在过去很多年里都有着强大的外部需求,这种需求的存在使得产能扩张的行为是有利可图的。但要注意的是,外部需求一旦出现持续收缩或者遭到国外的抵制,产能过剩就可能转化为一种常态,并开始威胁国民经济的健康发展。这种情况在全球金融危机之后就演变为现实。

理论上讲,外需萎缩可以通过内需扩张来弥补,甚至短期内可以通过政府强力刺激来解决,但如果外需的萎缩是一个长期问题的话,就需要来自国内消费者和生产者的内需扩张才能真正解决。现在的问题是,内需无法填补收缩的外需,国民经济运行的外部风险依旧存在。

第二,寻求消费和投资比例的均衡与协调,可以增强中国宏观经济发展的可持续能力,这也是经济结构战略性调整的战略诉求。根据国际货币基金组织公布的数据显示,1990 年代初中国居民储蓄占国民生产总值的比重在 35％以上,到 2005 年中国储蓄率更是高达 51％,而全球平均储蓄率仅为 19.7％。2009 年我国居民储蓄余额已经突破了 18 万亿元,储蓄率在全世界排名第一,人均储蓄超过 1 万元。单纯从数值意义上分析,居民储蓄率的提高意味着居民消费率降低了,这似乎给出了中国居民消费不足的答案。

值得引起关注的是,中国居民在储蓄率增加的同时,居民收入在国民收入分配中的比重也在大幅降低,以至于居民消费总量的变化相对于日益扩张的经济总量而言,其作用越来越小。

从世界各国对比的角度看,其他国家居民消费支出在 GDP 构成中都处于主导地位,而我国的资本形成和净出口比重却比较高,这说明我国的经济增长更多是靠投资和出口拉动,而不是以消费为主拉动的。显然,以投资为主动力的增长模式是难以持续的,需要从根本上扭转这种增长模式,切实地将消费转换为促进经济增长的主动力。

6. 如何认识中国特色新型工业化、信息化、城镇化、农业现代化道路?

党的十八大报告明确指出坚持走中国特色新型工业化、信息化、城镇化、农业现代化道路,推动信息化和工业化深度融合、工业化和城镇化良性互动、城镇化和农业现代化相互协调,促进工业化、信息化、城镇化、农业现代化同步发展。"新四化"的提出,为我国未来新的经济增长格局指明方向。

毫无疑问,工业化是现代城市和社会发展的引擎,是实现从工业化大国向工业化强国的转变,也是国家贯穿始终的战略重点。此次提出的"新四化",相较五十年代的"工业、农业、交通运输业和国防的四个现代化"、六、七十年代的"现代农业、现代工业、现代国防和现代科学技术四个现代化",重点突出了"信息化和工业化的深度融合"。"新型工业化"就是不仅要使工业成为国民经济的主导产业,更要尽快进入以信息化为主导的后工业化时代。这种融合也不只是将信息技术应用到工业领域的简单融合,更应该是促进传统产业的转型升级,把信息化渗透到社会现代化的各个方面,全面提升经济社会运行效率和质量。西方国家在工业化过程中,不约而同地走了一条"先增长,后治理"的道路,我国工业化不能再走老路,要在借鉴西方工业化发展经验和教训的基础上走一条高能低耗、生态化、可持续发展道路,这也是中国特色的意义所在。

在"新四化"中,"新型城镇化"也成为各方关注的焦点。2012年12月召开的中央经济工作会议进一步指明了"新型城镇化"的道路,那就是"要积极稳妥推进城镇化,着力提高城镇化质量,把有序推进农业转移人口市民化作为重要任务,把生态文明理念全面融入城镇化全过程,走集约、智能、绿色和低碳的新型城镇化道路"。这一表述,是继1982年家庭联产承包责任制、1992年社会主义市场经济体制之后的又一次制度创新。

改革开放以来,由于长期不均衡发展,我国的城乡二元经济结构日益突出,而城镇化正是破解二元结构失衡的关键。

改革开放的过程,是城市形成和范围扩张的过程,也是生产要素和商品打破壁垒自由流动、聚集,并形成全国统一市场体系的过程。从1978年到2011年,中国经济规模的复合增长率近10%,同期城镇化率由17.9%升至51.3%。应该说,城镇化与经济高速发展之间互为因果。城镇化的进一步发展也必然带来城镇公共服务和基础设施投资的扩大。顺应这一趋势,推进产业融合,城镇化建设将成为未来经济发展的重要动力。

"新四化"中,城镇化对农业现代化也起到重要引擎作用。加快推进城镇化,能够有效带动农村富余劳动力转移就业,推动农业专业化、标准化、规模化、集约化生产创造有利条件;加快推进城镇化,可以通过拉动农产品需求、促进农民就业、建设新农村,有效拓宽农民收入渠道;加快推进城镇化,彻底改变传统的农村土地、资本、劳动力等资源单向流动的发展模式,带动城市资金、技术、信息、人才等向农业农村领域延伸和倾斜,实现城乡要素平等交换。

解决"三农"问题,必须坚持走中国特色新型城镇化与社会主义新农村建设协调发展的道路,通过城镇带动农村,农村繁荣再进而促进城镇发展,形成城乡互动格局和良性循环。作为"四化"的基本内容,"农业现代化"如果跟不上工业化、城镇化发展步伐,也会导致工业化、城镇化发展受阻,所以,能否实现三者的同步发展,关系到现代化建设的成败。

工业化、信息化、城镇化和农业现代化是一个相互联系的有机整体,是相辅相成、互相促进的关系。只有促进"四化"在互动中实现同步,在互动中实现协调,才能实现社会生产力的跨越式发展。"新四化"战略方针的顺利实施,必将为 2020 年我国全面建成小康社会提供巨大和持久的动力。

7. 为什么说实施创新驱动发展战略必须走中国特色自主创新道路?

党的十八大报告明确指出,"科技创新是提高社会生产力和综合国力的战略支撑,必须摆在国家发展全局的核心位置",这就需要实施创新驱动发展战略,并"坚持走中国特色自主创新道路"。这是我们党放眼世界、立足全局、面向未来作出的重大决策。

创新就是创新主体在创新环境条件下通过(运用)一定的中介而使新的思想转化为现实的一种特殊的实践活动。相应地,自主创新则是指创新主体依赖自身所具有的能力和资源进行并完成的创新活动,其本质的特点在于创新过程中知识、技术或制度等关键性因素的突破是依靠自身力量实现的,其核心的思想就是不走别人的老路;但这并不意味着一切都要从头做起,关键是要善于捕捉并有效利用前人的理论、技术或概念而打开创新的局面。

从当前实际情况来看,我国正处于工业化、信息化、城镇化加速

发展和经济快速成长时期,实现国民经济又好又快发展对科技的需求十分紧迫,科技创新成果应用潜力巨大,市场空间广阔,这是依靠创新驱动发展的重要引擎。

洞悉世界主要创新型国家的发展历程,虽然每个国家的创新发展模式各不相同、路径也各具特色,但这些模式或路径要能够行得通,就必须根植本国实践、符合本国国情。因此,我国实施创新驱动发展战略,就必须坚持立足国内,进一步加大体制改革,扩大全社会的创新创造动力和活力,把自主创新作为科技发展的战略基点,为创新驱动提供不竭的技术源泉。同时要不断扩大科技开放合作,以全球视野谋划和推动创新,提高原创、集成创新和引进消化再创新能力。

此外,走中国特色自主创新道路,必须把自主创新摆在国家发展战略的核心位置,把科技进步和经济社会发展牢牢建立在自主创新的基点之上,不断提高自主创新能力,始终把握发展的主动权,创造发展的新优势。实际上,自主创新不仅仅是经济和科技问题,其政策目标涉及经济、科技、政治、国防等诸多方面,我国的特点决定了我们必须立足自主创新。当然,自主创新是一项长期的系统工程,这还需要坚持有所为有所不为,选择具有一定基础和优势、关系国计民生和国家安全的关键领域,集中力量、重点突破,在实践中走出一条具有中国特色的自主创新道路。

综观我国改革开放 30 多年来的发展实践,我们可以清晰地看到一条以创新驱动经济社会发展的演绎路径——即从"向科学进军"到"科学技术是第一生产力",从"科教兴国"到"提高自主创新能力、建设创新型国家",再到"创新驱动发展"。说到底,这条路径就是中国特色自主创新的道路,是建设创新型国家、迈向科技强国的必由之路。

8．如何认识"双倍增"的内涵及其提出的意义？

在十八大报告中，许多新颖的提法令人耳目一新，尤其是报告中明确指出，到 2020 年，要实现国内生产总值和城乡居民人均收入比 2010 年翻一番。这不仅是中共中央首次明确提出居民收入倍增目标，而且是第一次将 GDP 倍增与收入倍增同时提出。科学理解这一命题的实践内涵，是我们正确解读十八大报告的基本前提。尤其是在当前中国经济发展的关键时期，十八大报告中提出的双倍增计划更是有着特殊的地位和意义。

第一，走中国特色社会主义道路和全面建成小康社会是报告的中心主题，这也是理解双倍增计划的实践前提。正确解读"双倍增"内涵，需要符合党中央对我国今后十年发展的战略性要求。因为，今天提出"双倍增"的计划乃是国家意志的体现，是顺应我国经济社会发展阶段、内在要求和外在条件的必然要求；从未来中国经济发展大处着想，十八大报告确立的走中国特色社会主义道路和全面建成小康社会是"双倍增"计划实施的基本前提，科学发展观和经济社会全面转型将是我们今后制定方针、政策的约束条件和主导目标，因此，必须跳出倍增看倍增，必须将"双倍增"与十八大报告主题相联系。

第二，民生问题在报告中被放在了突出位置，而明确提出收入倍增目标则显现了政府改善民生的决心和勇气。十八大报告充满了关注民生、改善民生的强烈意愿。比如，报告中提到了"人民生活水平全面提高"的目标，谈到了"基本公共服务均等化总体实现"，"全民受教育程度和创新人才培养水平明显提高"，"就业更加充分"，"收入分配差距缩小"，"社会保障全民覆盖"等等话题。事实上,这些话题一直是广大民众关心和期盼解决的问题,报告以充满感情的话语显示决心和态度的同时,又以严谨和客观的思路陈述了目标,这无疑增加了人们对政府解决这些问题的信心。更让人们看到了今后几年工作的方向和重点,那就是,重点解决民生问题,重点解决人民关注的问题,增强了人们对未来的希望。正是在这样的前提下,"双倍增"目标的提出更是让民众看到实在的前景。

从现在到2020年,还有8年时间。当时间和收入指标都被实实在在地量化之后,人们就可以将其看作是一个可以检验的目标、可以度量的标准。与此同时,对于中国政府而言,这个目标自然是一种压力,但同时也显现了一种态度、一个决心。

第三,"双倍增"计划是我国今后十年的追求目标,但它却不仅仅只是经济增长和收入提高的问题,实现该计划必须以科学发展观为前提。十八大报告在谈及国民收入倍增目标时强调指出,国民收入倍增,需要建立在"转变经济发展方式取得重大进展,在发展平衡性、协调性、可持续性明显增强的基础上"。这也就是说,不同于以前经济总量翻番的目标,也不同于西方国家在不同时期提出"国民收入倍增"问题,中国的"双倍增"计划是一个"以科学发展为主题,以加快转变经济发展方式为主线",实现国民经济持续、平衡、稳定、协调发展的综合计划。在这个过程中,无论是经济增长,还是居民收入的提高,都必须符合科学发展观的基本要求。正是基于这样的理念,"双倍增"计划的提出就特别关注增长的共享性、经济与社会的同步性等问题。

9. 如何构建现代产业发展新体系?

着力构建现代产业发展新体系,是十八大报告提出的一个重要命题。目前,比较有代表性的观点认为,现代产业发展新体系是指第一、第二、第三产业协调发展,以农业为基础、工业为主导、战略性新兴产业为先导、基础产业为支撑、服务业全面发展的产业格局。从其构建目标上分析,现代产业发展新体系是多重目标约束下的产物,基本内涵可以理解为:与国民经济发展目标和趋势相匹配、具有适应性和可调节性的产业体系;与既有产业体系相衔接、具有继承性和改造性的产业体系;与全球产业体系相兼容、具有动态协调和风险抵御能力的产业体系;与社会发展、人民社会水平提高要求相一致的产业体系。

现今,世界主要国家围绕发展节能环保、新能源、信息、生物等新兴产业,纷纷部署抢占新一轮经济和科技发展制高点的重大战略。在此背景下,我国根据战略性新兴产业的特征,立足国情和科技、产业基础,现阶段把节能环保、新一代信息技术、生物、高端装备制造、新能源、新材料、新能源汽车等产业,作为重点培育和发展的战略性新兴产业,旨在加快形成新的经济增长点、提升产业层次、推动传统产业升级、高起点建设现代产业体系。除战略性新兴产业外,党的十八大报告中还提出了要推动先进制造业健康发展,加快传统产业转型升级,推动服务业特别是现代服务业发展壮大。

从实施路径上看,在开放经济条件下,现代产业体系的建设要遵循"以我自主"的基本原则,同时有选择、有重点、有条件地吸收和引进外来产业,确保利用全球经济一体化战略资源的同时,又能够实现国家产业安全;既能够符合我国经济转型发展的要求,又能够满足国家战略布局的要求。从 GDP 倍增层面上看,要注重现代产业体系的效率问题。因为中国的产业体系在空间上具有典型的双重二元结构性,并表现为传统产业与现代产业并存、产业的传统部门和现代部门并存的特征。因此,要发展现代产业体系,就需要消除这种二元结构,促进传统产业和产业传统部门的现代化。还要注意的是,从传统到现代的演化,目标上应该表现产业体系的功能提升,在内容上应当表现为产业发展关键要素的现代化改造和升级,这里的关键要素可以概括为技术要素、组织要素和制度要素(包括正式制度与非正式制度)三个部分。从社会角度上看,要特别注重现代产业体系的就业和福利改善问题。这就需要依据我国经济转型的内在要求和世情、国情的特点,培育出以共享为基础的产业体系,比如产业结构的多样性与区域功能的对接;产业结构的多层次性与高中低端的兼容性;大中小企业的和谐共生性;不同所有制经济的协调进步等。

 ## 10．如何建设开放型经济体系？

党的十八大报告强调指出,要完善互利共赢、多元平衡、安全高效的开放型经济体系。这一表述是在全面总结我国 30 多年对外开放伟大实践的基础上,充分反映世情、国情新变化提出的新要求,为今后一个时期进一步扩大开放、全面提高开放型经济水平指明了方向。

第一,要坚持"安全高效"的基本原则,提升对外开放的水平,提高引进外资的收益,突破制约我国经济社会发展的"收益瓶颈"。传统的激励性开放政策和低价值链增值出口模式,造成了中国各级政府外资优惠政策的恶性竞争、环境损害、资源耗竭、国家利益流失,强化了有出口而无产业、有增长而无发展的粗放型增长模式,也使我国制造业不能摆脱对廉价劳动力和国外技术的过度依赖,贸易摩擦加剧,进一步危及我国的资源、能源乃至国家经济安全。突破"收益瓶颈"，必须突破传统的开放理论和模式，实现向规范的制度保障对外开放动力机制转变和培育高级要素，提升中国制造在全球化经济中的要素分工地位。

第二，要坚持"互利共赢"的基本原则，积极营造一个促进中国经济进一步发展的外部世界环境，突破制约我国国际经济地位提升的"国际体制约束"、和"国际市场约束"。国际经济体制作为国际微观经济主体的上层建筑，它的制定和运行机制对全球化中的世界各国经济发展起着十分重要的影响力。中国必须以"互利互惠、和平共赢"理念，积极参与国际经济体制的修改和制定，努力争取本国的国际权利，以进一步获得经济发展的国际经济体制保障。

随着中国经济规模的不断扩大，国际市场的容量也已逐渐成为中国经济可持续发展的重要外部因素。中国必须以"互利互惠、和平共赢"理念，积极开展"经济外交"、"文化外交"为中国企业和商品开拓国外投资和贸易市场，以进一步获得经济发展的国际市场空间。

第三，要坚持"多元平衡"的基本原则，在对外开放过程中注重良性互动，实现多元发展。"多元平衡"原则，这是出自更高一个层次的战略考量，涉及的内容比较宽广。比如，在提升制造业开放层次的时候，也要重视扩大服务业和农业开放；在扩大出口和吸引外资的时候，也要重视增加进口和对外投资合作；在巩固发达国家传统市场的时候，也要重视开拓发展中国家市场；在做强一般贸易的时候，也要重视提升加工贸易附加值；在加强自主创新的时候，也要重视参与全球化分工合作；在提升沿海开放水平的时候，也要重视加快内陆和沿边开放，不断增强开放型经济发展的平衡性、协调性和可持续性。

政治改革篇

政治体制改革是我国全面改革的重要组成部分，是中国特色社会主义政治制度自我完善和自我发展的重要形式和重要途径。必须继续积极稳妥推进政治体制改革，发展更加广泛、更加充分、更加健全的人民民主，增强政治体制改革与经济体制改革、文化体制改革、社会管理体制改革之间的协调与互动。

1. 什么是中国特色社会主义政治发展道路?

十八大报告指出,改革开放以来,我们总结发展社会主义民主正反两方面经验,不断推进政治体制改革,成功开辟和坚持了中国特色社会主义政治发展道路,为实现最广泛的人民民主确立了正确方向。

中国特色社会主义政治发展道路,就是在党的领导、人民当家作主和依法治国有机统一的前提下,立足中国国情与中国特色,坚持社会主义民主政治发展的基本方向,坚持中国特色社会主义政治制度的基本框架,通过积极稳妥的政治体制改革有序实现中国特色社会主义政治发展目标。

新中国成立以来社会主义政治建设的历史经验和教训是中国特色社会主义政治发展道路形成的历史依据,改革开放以来中国政治建设和政治发展的鲜活经验是中国特色社会主义政治发展道路的现实依据,实现民族复兴、全面建成小康社会和富强民主文明和谐社会主义现代化国家的基本目标是中国特色社会主义政治发展道路的时代依据。我们必须全面、深刻地理解中国特色社会主义政治发展道路的基本内涵:

第一,坚持在全面改革中持续推进政治体制改革。政治体制改革是我国全面改革的重要组成部分,是中国特色社会主义政治制度自我完善和自我发展的重要形式和重要途径。必须继续积极稳妥推进政治体制改革,发展更加广泛、更加充分、更加健全的人民民主,增强政治体制改革与经济体制改革、文化体制改革、社会管理体

制改革之间的协调与互动。

第二,坚持党的领导、人民当家作主、依法治国有机统一。党的领导是人民当家作主和依法治国的根本保证;人民当家作主是社会主义民主政治的本质要求;依法治国是党领导人民治理国家的根本方略。在当代中国政治建设和政治发展的整个过程中都必须坚持三者的有机统一,以保证人民当家作主为根本,以增强党和国家活力、调动人民积极性为目标,扩大社会主义民主,加快建设社会主义法治国家,发展社会主义政治文明。

第三,坚持三个"更加注重"。要更加注重改进党的领导方式和执政方式,保证党领导人民有效治理国家;更加注重健全民主制度、丰富民主形式,保证人民依法实行民主选举、民主决策、民主管理、民主监督;更加注重发挥法治在国家治理和社会管理中的重要作用,维护国家法制统一、尊严、权威,保证人民依法享有广泛权利和自由。

第四,坚持制度建设、法制建设的长期性、根本性、全局性。要把制度建设摆在更加突出的位置,充分发挥我国社会主义政治制度优越性,坚持积极借鉴人类政治文明有益成果,但绝不照搬西方政治制度模式。要充分发挥社会主义政治制度的优越性,坚定全党、全国对中国特色社会主义基本政治制度的自觉自信。

2. 怎么理解政治体制改革在中国全面改革中的地位与作用?

十七大报告提出:"政治体制改革作为我国全面改革的重要组成部分,必须随着经济社会发展而不断深化,与人民政治参与积极性不断提高相适应。"十八大报告重申"政治体制改革是我国全面改革的重要组成部分"。当代中国进行的改革事业是一项伟大的系统工程,政治体制改革在中国全面改革中占有重要而特殊的地位,政治体制改革与经济体制改革、文化体制改革、社会管理体制改革和生态建设之间具有不可分割的内在联系。从这种内在联系出发,促成政治体制改革与其他改革之间的良性互动,不仅关系到政治体制改革和政治发展的成败,更关系到全面改革的成败。

我国改革开放的总设计师邓小平同志早在20世纪80年代就反复强调:"改革,应该包括政治体制的改革,而且应该把它作为改革向前推进的一个标志"。"我们提出改革时,就包括政治体制改革","现在经济体制改革每前进一步,都深深感到政治体制改革的必要性";"政治体制改革同经济体制改革应该相互依赖,相互配合","我们所有的改革最终能不能成功,还是决定于政治体制的改革"。江泽民同志也明确指出,"政治体制改革要同经济体制改革和经济文化发展相适应,有步骤有秩序地向前推进";"实际上,世界上任何国家的政治发展都要遵循与自己的经济社会发展相适应这个道理"。胡锦涛同志在2006年访美期间深刻指出,从1978年以来,中国进行了包括经济体制改革、政治体制改革、文化体制改革等在内的全面改革。

十八大报告从七个方面详细阐释了政治体制改革的具体内容:支持和保证人民通过人民代表大会行使国家权力;健全社会主义协商民主制度;完善基层民主制度;全面推进依法治国;深化行政体制改革;建立健全权力运行制约和监督体系;巩固和发展最广泛的爱国统一战线。事实上,以改革创新精神全面推进党的建设系统化工程,也属于当代中国政治体制改革的重要内容。从这些改革内容我们可以看出,当代中国政治体制改革对于推进经济体制改革和社会主义市场经济体制的成熟与完善;对于发展经济民主与社会民主,保障公民各项权利,建成执政党、政府与社会合作治理的社会管理新格局;对于培育公民意识,形成理性、参与、法治、合作、宽容、信任的社会主义新型政治文化;对于形成正确的权力观和科学的政绩观,增强全社会的生态文明意识和建设美丽中国使命感与责任感,都具有不可替代的重要作用。从这个意义上说,当代中国政治体制改革是推进中国全面改革的枢纽,是顺利推进其他改革的重要前提和基本条件。

3. 当前推进中国政治建设和政治发展必须坚持的基本要求有哪些?

十八大报告指出,在新的历史条件下夺取中国特色社会主义新胜利,必须牢牢把握以下基本要求,并使之成为全党全国各族人民的共同信念:坚持人民主体地位,坚持解放和发展社会生产力,坚持推进改革开放,坚持维护社会公平正义,坚持走共同富裕道路,坚持促进社会和谐,坚持和平发展,坚持党的领导。这八项基本要求是针对中国特色社会主义建设全局而言的,当然也是当前中国政治建设必须坚持的基本前提。此外,深入推进当代中国政治建设和政治体制改革,还必须兼顾当前中国政治发展的三大基本要求:

第一,坚持自主发展。当代中国政治建设的总体战略需要从某种意义上的单纯的适应性发展——即政治体系对经济及社会发展的适应性变革,转向自主性的政治发展。从中华人民共和国六十年的历史视野来看,前三十年中国政治发展的最大成就在于为作为主权国家的人民共和国奠定了基础架构。20世纪70年代末至本世纪初,中国政治发展的最大成就有两个方面:一是有效保障了经济改革与经济建设的顺利推进;二是在政治建设领域重新唤起对制度和法律的重视。十六大以来,中国经济、社会的发展直逼中国政治建设与政治发展的核心领域。在这种情况下,依据自身逻辑、选择自身路径、追求自身目标,并按自主规划推进当代中国政治建设,成为新时期政治发展的战略选择。政治领域的这种自主发展战略,客观上超越了简单的刺激——回应的被动性,及单纯服务于经济改革或者社会建设的工具性而表现出其系统性、规划性、灵活性及预见性。

第二,坚持系统思维。所谓"系统性",是指在当代中国政治建设中,政治系统与经济、社会系统之间,以及政治体系内部各要素与功能之间联系性的全面增强。中国政治发展新阶段的"系统性"特征表明:随着改革开放三十余年的发展,存在于社会共同体中的各种主体、各种力量及各种子系统之间自主性、交互性与渗透性前所未有地增强,致使在当代中国政治发展中政治与经济、社会之间,政治体系内部各要素与功能之间的关联和互动越来越不可忽视。政治发展越来越在真正意义上成为一项系统工程,好比常山之蛇,击其首则尾应,击其尾则首应,击其中则首尾皆应。由此在政治建设中,"先做什么,再做什么"或者"只做什么,不做什么"的单线思维越来越难以促进中国政治的有效发展,而日益让位于"统筹兼顾"、多方并举的辩证思维。

第三,坚持"以人为本"。"以人为本"的首次提出是在十六届三中全会上,这次会议提出以人为本,全面、协调、可持续发展的科学发展观。"以人为本"是科学发展观的核心,既要求保障作为全体的

"人民"的根本利益之实现；也要求重视社会各群体利益关系之协调，维护公平与正义；同时，"以人为本"还要关注社会个体权利与义务、自由与责任之建构。由于"经济发展和社会财富总量增加并不能自然实现社会和谐"，换言之，经济和社会发展并不能自发地保障公平、正义、民主、自由等政治价值之实现，因此"以人为本"必然要求通过政治建设与政治发展，确保在社会全面发展中充分尊重人的主体性与创造性、坚持发展的民生取向，保障社会和谐共享改革发展之成果，实现人的自由全面发展。从本质上讲，"以人为本"从根本上规范了当代中国政治发展的动力与方向、宗旨与目的，由此构成当代中国科学政治发展的基本原则。

4. 为什么说人民民主是党的旗帜和社会主义的生命？

人民民主，就是坚持国家一切权力属于人民，坚持人民当家作主。改革开放以来，我们总结发展社会主义民主正反两方面经验，强调人民民主是社会主义的生命，是中国特色社会主义政治发展的基本目标，也是中国特色社会主义政治发展道路的本质所在。十八大报告指出，人民民主是我们党始终高扬的光辉旗帜。我们必须继续积极稳妥推进政治体制改革，努力发展更加广泛、更加充分、更加健全的人民民主。

伴随着改革开放和中国特色社会主义建设的历史进程，当代中国对人民民主的认识和定位不断深化、不断发展。1979年，邓小平在党的理论工作务虚会上明确指出：没有民主就没有社会主义，就没有社会主义的现代化。当然，民主和现代化一样，也要一步一步前进。社会愈发展,民主也愈发展。十六大报告指出:发展社会主义民主政治,建设社会主义政治文明,是全面建设小康社会的重要目标,我们党历来以实现和发展人民民主为己任;并首次提出"党内民主是党的生命",对人民民主具有重要的示范和带动作用。十七大报告进一步提出,人民民主是社会主义的生命,发展社会主义民主政治是我们党始终不渝的奋斗目标。党内民主是增强党的创新活力、巩固党的团结统一的重要保证;要以扩大党内民主带动人民民主,以增进党内和谐促进社会和谐。2012年,胡锦涛同志在"7·23"讲话中强调,要发展更加广泛、更加充分的人民民主,保证人民依法实行民主选举、民主决策、民主管理、民主监督,更加注重发挥法治在国家和社会治理中的重要作用,维护国家法制的统一、尊严、权威,保障社会公平正义,保证人民依法享有广泛权利和自由。

在当前中国的政治建设中,坚定不移地扩大社会主义民主、健全民主制度、丰富民主形式,不断推进党和国家民主政治生活的制度化、法律化,对于巩固中国共产党的执政地位,加强和完善其执政能力;对于促进国家治理与善治,促进社会和谐与安定,实现中国社会长治久安;对于促进中国经济社会协调、可持续发展,真正实现中国经济的"包容性增长"和中国社会管理体制的创新,具有至关重要的意义。从历史来看,人民民主的发展,始终伴随着中国共产党领导全国人民进行民族民主革命的进程、始终伴随着中国共产党领导全国人民建设新中国、巩固新中国的进程,始终伴随着中国共产党领导全国人民进行改革开放的历史进程,也始终伴随着当代中国实现民族复兴、建成小康社会和社会主义现代化国家的历史进程。从上述意义上说,人民民主是中国共产党始终高扬的旗帜,也是中国特色社会主义的生命。

5. 当前完善人民代表大会制度的主要方面和重点是什么？

　　人民代表大会制度是指中国各族人民按照民主集中制原则,定期选举产生自己的代表,组成各级人民代表大会作为人民行使国家权力的机关,并由人民代表大会组织其他国家机关,以实现人民民主专政历史任务的政权组织形式。人民代表大会制度是中国的政体,是当代中国保证人民当家作主的根本政治制度。因此,人民代表大会制度功能的发挥直接关系到中国人民各项民主权利的实现,关系到当代中国政治体制改革的成效和中国特色社会主义政治发展目标的实现。

　　必须通过人民代表大会制度的完善和体制机制的创新,进一步发挥人民代表大会制度的功能。当前完善人民代表大会制度的主要方面和重点是:

　　第一,厘清执政党与人大的关系。必须坚持党对各级人大及其常委会的政治领导,但同时必须改进领导方式与执政方式,支持和保证人民通过人民代表大会行使国家权力,保证各级人民代表大会充分发挥其政治功能。要善于使党的主张通过法定程序成为国家意志,支持人大及其常委会充分发挥国家权力机关作用,依法行使立法、监督、决定、任免等职权,加强立法工作组织协调,加强对"一府两院"的监督,加强对政府全口径预算决算的审查和监督。执政党不能包办和替代各级人大的工作,必须在人大所指定的宪法和法律范围内活动,并接受人大的宪法监督。

　　第二,提高基层人大代表特别是一线工人、农民、知识分子代表比例,降低党政领导干部代表比例。人民代表大会制度的基本逻辑是:人民选举自己的代表,人大代表受人民委托,代表人民行使宪法和法律规定的权力。因此,人大代表是否具有广泛的、真实的代表性,是人民代表大会制度顺利运行的前提,这就要求提高基层人大代表的比例,适当降低党政干部比例,使人大代表的结构更趋合理,更能反映真实的社情民意。

第三,加强人大的自身建设,特别是组织机构建设和运作程序建设,完善人大运作的体制机制。一方面,在人大设立代表联络机构,完善代表联系群众制度,积极拓展各级人大代表与本选区群众或其所代表的群众之间的日常化、制度化联系,建立代表、群众良性互动机制。另一方面,健全国家权力机关组织制度,优化常委会、专委会组成人员知识和年龄结构,提高专职委员比例,增强依法履职能力。

第四,加强相关法律法规建设,进一步支持各级人民代表大会充分发挥其功能,支持各级人大代表充分履行其职能。在依法治国的基本方略下,各级人大代表的选举和各级人大职权的行使,都有待于相关法律法规(比如《选举法》、《预算法》等)的进一步完善。

6. 如何推进协商民主广泛、多层和制度化发展?

十八大报告首次提出了"社会主义协商民主"的概念,这一概念进一步发展了"协商民主"的内涵与外延,使得协商民主更加多主体化、多层次化,超越了先前"政协民主"的范围。加强社会主义协商民主制度建设,推进协商民主广泛、多层、制度化发展,成为社会主

义民主政治建设的重要内容。

第一，推进国家政权机关的协商民主建设。各级人民代表大会在立法、执法检查中所实行的"开门立法"与"开门执法检查"等都是政权机关协商民主的创新实践。此外，立法听证制度也是协商民主的重要内容。应当继续挖掘人大、政府在立法、行政中协商民主的资源、形式，进一步调动民众参与人大立法、政府决策，扩大协商民主的范围。

第二，大力推进民主党派、人民团体和各族各界人士协商民主建设。中国共产党领导的多党合作和政治协商制度，是我国协商民主的宝贵资源。必须充分发挥政协的重要组织作用。中央关于加强多党合作和政治协商的诸多文件，为中国共产党与各民主党派之间政治协商提供了制度框架。不仅要推动中国共产党与各民主党派之间的政治协商，还要推动中国共产党与各人民团体和各族各界代表人士之间的协商。

第三，积极开展基层民主协商。当前，中国已形成了以农村村民自治、城市社区居民自治和企业职工代表大会为主要内容的基层民主体系，在这些基层民主实践中，协商民主常见的形式主要有民情恳谈会、民主恳谈会、民主理财会、民情直通车、便民服务窗、社区议事会、居民论坛、乡村论坛和民主听（议）证会等。中国基层的民主协商以村、社区和企业为实施单位在小范围展开，最能体现协商民主的草根性、包容性、平等性、公开性。

第四，深入拓展协商民主的各种形式。要进一步扩大普通群众参与协商的渠道与范围。可以通过完善党的代表会议、人大会议、政协会议的旁听制度，改进群众大会、民主恳谈会、民主评议会以及群众来信来访、领导接待日、人民调解等方式，使协商渠道更为多样和丰富。另外，积极利用互联网技术开发协商民主的新形式，以网络参与为基础的网络协商值得试点,当然,要制定和完善相关的法律法规,保障公民利用网络参与公共政策的各项权利,建立政府信息的及时客观发布制度,建立政府和网民的对话协商制度和引导网民理性讨论制度等,促进网络协商民主的健康发展。

第五,推进社会主义协商民主的制度化、规范化和程序化。制度是协商民主的根本保障,没有制度的协商等于没有规则的协商,不仅其实行不可预测,而且会受到体制环境的制约,其预期作用难以发挥。因而,要把协商民主纳入制度化、规范化和程序化的轨道。改革开放以来,中国在协商民主方面取得了一定的进展,不过相关协商民主的制度并不健全,不仅缺乏相应的法律法规的保障,而且已有的政策、制度也没有进入决策运作过程,从而造成实施的受阻。因而,不仅要完善协商民主的各项制度,而且还要加强监督,使这些协商民主的制度落到实处。

7. 如何构建基层党组织领导的充满活力的基层群众自治机制?

从十八大报告中可以看出,我国对基层群众自治有一条基本的指导思路,即从"扩大党内民主,带动人民民主"的角度考虑基层党组织的建设,通过建设民主的基层党组织,来促进基层民主的发展,进而带动基层群众自治。这一逻辑主要体现在"创新基层党建工作"以及"完善基层民主制度"两个部分。十八大报告在谈到我党工作中的不足时再次批评了"一些干部领导科学发展能力不强,一些基层党组织软弱涣散"的基本问题。由于我国基层群众自治制度的前提是基层党组织的领导,因此推进和完善这一

基本制度需要首先健全基层党组织的领导,后者的首要任务是扩大党内基层民主。

在扩大党内基层民主方面,十八大报告提出的要求是"完善党员定期评议基层党组织领导班子等制度,推行党员旁听基层党委会议、党代会代表列席同级党委有关会议等做法,增强党内生活原则性和透明度。"要扩大党内民主相应地就要"创新基层党建工作,夯实党执政的组织基础",其实际意义并不限于党自身的发展,更重要的是为了"团结带领群众贯彻党的理论和路线方针政策、落实党的任务的战斗堡垒"。说到底,就是为了要"以党的基层组织建设带动其他各类基层组织建设"。也就是说,主要思路是通过加强党的基层组织建设来提高基层社会组织的建设,而前者的核心是加强党内民主,后者的建设核心自然是社会民主。

具体来说,推进和完善基层民主制度要做到以下三个方面。首先,在城乡社区治理、基层公共事务和公益事业中实行群众自我管理、自我服务、自我教育、自我监督。它构成了人民依法直接行使民主权利的重要方式。它以扩大有序参与、推进信息公开、加强议事协商、强化权力监督为重点,拓宽范围和途径,丰富内容和形式,保障人民享有更多、更切实的民主权利。其次,在企业、事业单位组织方面,要全心全意依靠工人阶级,健全以职工代表大会为基本形式的企事业单位民主管理制度,保障职工参与管理和监督的民主权利。第三,要发挥基层各类组织协同作用,积极开展基层民主协商,实现政府管理和基层民主的有机结合。

就基层群众自治的实现过程来看,它是一个综合性的社会问题,需要将党的基层组织建设、基层政府的组织建设与公共服务过程等各个方面统一起来,形成一个有机的整体。例如,在基层政府的公共服务方面,报告要求改进政府提供公共服务的方式,加强基层社会管理和服务体系建设,增强城乡社区服务功能,强化企事业单位、人民团体在社会管理和服务中的职责,引导社会组织健康有序发展,充分发挥群众参与社会管理的基础作用。

8. 当前全面推进依法治国的工作重点是什么?

十八大报告强调,在当前中国政治建设和政治发展中,"法治是治国理政的基本方式",要"全面推进依法治国","加快建设社会主义法治国家","更加注重发挥法治在国家治理和社会管理中的重要作用,维护国家法制统一、尊严、权威,保证人民依法享有广泛权利和自由"。到2020年中国全面建成小康社会之时,"依法治国基本方略全面落实,法治政府基本建成,司法公信力不断提高,人权得到切实尊重和保障"。这是对我国深入推进法治建设的当前目标和中长期目标的科学定位与合理规划。

为此,当前中国全面推进依法治国的工作重点是:

第一,在全社会弘扬法治精神,形成良好的法治意识。深入开展法制宣传教育,弘扬社会主义法治精神,树立社会主义法治理念,增强全社会学法遵法守法用法意识。加强社会主义核心价值体系建设,使"自由、平等、公正、法治"真正成为社会主义核心价值观的重要内容。

第二,要推进科学立法、严格执法、公正司法、全民守法,坚持法律面前人人平等。要继续加强重点领域立法,拓展人民有序参与立法途径,完善中国特色社会主义法律体系,进一步解决"有法可依"问题。在此基础上将工作重心转向"有法必依、执法必严、违法必

究",加强全面、科学、准确实施法律的力度和对法律实施的监督。

第三,进一步深化司法体制改革,确保审判机关、检察机关依法独立公正行使审判权、检察权,切实维护司法公正;深入推进执法规范化建设,扩大司法救助和法律援助范围,强化司法公开和司法民主,保证群众对司法工作的知情权、参与权、监督权;进一步提高基层一线干警执法办案、保障人权、维护稳定、促进和谐的水平。

第四,推进依法行政,做到严格规范公正文明执法,进一步加强法治政府建设。法治政府建设,包括政府治理社会的过程、方式和手段的法律化、制度化、规范化,以及对政府本身和政府行政过程的法律和制度约束两个方面。当前法治政府建设的重点是提高政府依法行政能力,提高领导干部运用法治思维和法治方式深化改革、推动发展、化解矛盾、维护稳定能力。

第五,改进和完善党的领导方式和执政方式,提高依法执政水平。为此,必须将法治建设与加强党的领导结合起来而不是割裂开来,既维护党的领导与执政地位,又维护宪法和法律的尊严。党领导人民制定宪法和法律,党必须在宪法和法律范围内活动。任何组织或者个人都不得有超越宪法和法律的特权,绝不允许以言代法、以权压法、徇私枉法。

9. 中国行政体制改革的目标、任务和途径是什么?

社会可以分为两大基本的部分,一部分是经济基础,另一部分是上层建筑。经济基础决定上层建筑,上层建筑对经济基础具有能动的反作用。行政体制改革是推动上层建筑适应经济基础的必然要求。在当代中国,行政体制改革是发展社会主义市场经济和发展社会主义民主政治的必然要求,是中国政治体制改革的重要内容。深入推进行政体制改革对促进经济持续发展、促成社会和谐稳定、提高政府公共行政的能力与水平具有重要意义。

十七届二中全会《关于深化行政管理体制改革的意见》明确指出,深化行政管理体制改革的总体目标是,到 2020 年建立起比较完善的中国特色社会主义行政管理体制。通过改革,实现政府职能向创造良好发展环境、提供优质公共服务、维护社会公平正义的根本转变,实现政府组织机构及人员编制向科学化、规范化、法制化的根本转变,实现行政运行机制和政府管理方式向规范有序、公开透明、便民高效的根本转变。为此,必须按照建立中国特色行政体制目标,深入推进政企分开、政资分开、政事分开、政社分开,建设职能科学、结构优化、廉洁高效、人民满意的服务型政府。

行政管理体制改革必须坚持科学设计、系统推进、突出重点的原则,完善体制改革协调机制,统筹规划和协调重大改革。当前,深入推进行政管理体制改革的重点任务和重要途径是:

第一,加快政府职能转变。要全面正确履行政府职能,把该由政府管理的事项切实管好,把不该由政府管理的事项转移出去,进一步深化行政审批制度改革,继续简政放权。在政府与市场、政府与社会、政府与公民关系的合理定位中切实转变政府职能,真正解决所谓政府"越位、错位、失位"问题。

第二,深入推进政府机构改革。按照精简统一效能的原则和决策权、执行权、监督权既相互制约又相互协调的要求,紧紧围绕职能转变和理顺职责关系,进一步优化政府组织结构,规范机构设置和层级设置。稳步推进大部门制改革,健全部门职责体系;严格控制机构编制,减少领导职数,降低行政成本;优化行政层级和行政区划设置,有条件的地方可探索省直接管理县(市)改革,深化乡镇行政体制改革。

第三,推进相关配套改革,切实提升政府提供公共服务的能力与水平。积极推进政府社会管理体制创新,继续推进事业单位分类改革,加快社会组织的培育和成长,构建政府与社会合作共治的社会管理格局;创新行政管理方式,提高政府公信力和执行力;加快建设法治政府,严格依法行政;加强透明政府建设,依法有序地推进政府信息公开和行政权力公开。

10. 如何建立决策权、执行权、监督权相互制约和协调的权力运行机制?

首先,我们要理解建立决策权、执行权、监督权相互制约和协调的权力运行机制的内涵。十八大报告明确提出"建立健全权力运行制约和监督体系",其目的在于保障人民的权力能够被用来为人民谋利益,保障人民知情权、参与权、表达权、监督权,并强调要坚持用制度管权管事管人。实行权力运行过程中决策权、执行权、监督权的相互制约和相互协调,有利于确保国家机关按照法定权限和程序行使权力,有利于理清各政府机关及其行政权力的关系,形成权责一致、分工合理,决策科学、执行顺畅、监督有力的行政管理体制。从这个意义上说,权力运行的制约和监督体系是改进党的领导方式和执政方式、保证党领导人民有效治理国家的重要手段。

十八大报告对"权力运行的制约与监督体系"的论述,是站在国家政治制度高度上的。按照宪法规定,人民代表大会制度是我国的根本制度,全国人民代表大会是最高的国家权力机关。全国和地方各级人民代表大会由人民选举产生、对人民负责、受人民监督。其他国家行政机关、审判机关、检察机关都由人民代表大会产生,对其负责、受其监督。这就是说,由于国家的一切权力属于人民,所以中国政治制度建设的核心是解决人民赋予的权力如何才能不被滥用的问题,即保障"权为民所用、情为民所系、利为民所谋"的问题,而不是讨论如何限制和分割人民的权力。

也就是说,我们面临的问题主要在人民权力的运行层面,而不在权力从何而来,不同来源的权力如何相互制约、平衡的问题。中国的决策权、执行权、监督权的三分是一种纵向的程序分工,是按照权力运行的过程来划分的。这里的决策权表现为人民的权力如何通过具体的国家政策和法令得以表现出来,它是人民权力的具体化。执行权是权力运行流程分工的下游,表现为政策和法令如何通过具体的过程转变为实际,将人民的意志彻底转变为可见的结果。而监督权实质上是其中最重要的、覆盖面最广的一环,它指的是人民以及人民选举产生的人民代表大会对权力运行过程的监督,包括决策权和执行权两个方面,包括负责监督决策和执行的监督机构本身的监督。

按照十八大报告的表述,这一人民监督权具体表现在以下三个方面。首先是保障一切人民赋予的国家权力在制度的框架下运行,坚持用制度管权、管事、管人。国家机关要按照法定的权限和程序来行使权力。其次,人民的监督权需要人民自身参与权力运行的过程,国家制度和法令需要保障人民的参与权、表达权。凡是涉及人民利益的问题都需要充分听取人民的意见,凡是损害人民利益的做法都要坚决防止和纠正。第三,人民监督权的实现需要国家权力运行过程的阳光性,需要党务、政务、法务的公开、规范。后者要接受任何的人民监督形式,包括舆论监督、法律监督、民主监督等。同时,人民还应当具有向政府问责、质询的权力。人民有权过问自己赋予的权力的实施过程,这是监督权实现的基本保障之一。

文化强国篇

　　文化是民族的血脉，是人民的精神家园。没有文化的积极引领，一个国家、一个民族就不可能屹立于世界民族之林。文化建设是中国特色社会主义事业五位一体总体布局的重要组成部分。没有社会主义文化繁荣发展，就没有社会主义现代化。

1. 如何认识文化强国提出的历史背景?

在新的历史条件下,面对全球化大格局和综合国力的激烈竞争,面对世界范围内各种思想文化的相互激荡,面对人民群众日益增长的文化需求,我们党提出建设社会主义文化强国,这是顺应时代发展要求的正确抉择,体现了充分的文化自觉和文化自信。

文化是民族的血脉,是人民的精神家园。没有文化的积极引领,一个国家、一个民族就不可能屹立于世界民族之林。文化建设是中国特色社会主义事业五位一体总体布局的重要组成部分。没有社会主义文化繁荣发展,就没有社会主义现代化。

从十六大提出文化体制改革的任务,到十七大将文化软实力写入大会报告;从十七届六中全会首次从完整意义上制定文化强国战略,到十八大报告再度强调"建设社会主义文化强国,关键是增强全民族文化创造活力",我党对文化建设规律的认识越来越全面,越来越深刻。只有推进社会主义文化强国建设,才能凝聚起全社会推动文化改革发展的强大力量,更好地满足人民群众日益增长的精神文化需求,确保全面建成小康社会奋斗目标如期实现。

当今世界,文化或文明的冲突已由理论设想变为现实,并愈演愈烈,不断冲击并改变着人们的思想观念。某些处于强势文化地位的国家,往往在国际交往和文化交流中运用其优势地位,有意识地进行文化输出和文化垄断,国家的文化安全问题随之摆在人们面前。发展社会主义先进文化,建设社会主义文化强国,使我们在国际文化交往中既突出中国特色又保持先进性质,是应对文化全球化挑战的正确选择。

我国已经到了发展文化强国的历史时刻,最直接的一个宏观的背景就是转变经济增长方式的客观要求。传统的经济发展模式在取得巨大成绩的同时,也产生了很多的问题,如环境的破坏、资源的短缺、区域发展的不平衡等等,这些问题的产生都迫使我们必须转变以往的发展模式。

当前,文化与经济的融合正在成为全球产业发展的主要方向,文化产业以创意为源头,是一种科技含量高、资源能源消耗低、环境污染小、知识密集的绿色产业,在增加就业、扩大消费、拉动内需中发挥着越来越重要的作用。文化建设不仅对经济增长的直接贡献越来越大,而且对提升经济发展质量的作用日益突出。在经济发展为文化发展创造物质条件的同时,文化建设也为经济发展提供了强大的精神动力。

从人民群众精神文化需求角度出发,文化强国的发展战略同样有着强烈的现实紧迫性。中国崛起并不只是一个口号,而是有着明确的发展规划和强烈的人民意愿为支撑的。随着我国经济的发展,人民群众收入水平的提高,在物质需求得到更多满足的基础上,丰富精神文化生活越来越成为我国人民群众的热切愿望,人民群众对精神文化生活需求更广泛、更深化、更多种多样。

要全面建成惠及十几亿人口的更高水平的小康社会,不仅仅是让人民过上殷实富足的物质生活,还要让人民享有健康丰富的文化生活。当前,我们的文化建设还有很多不足,同经济发展和民众精神文化需求还不完全适应,同我们设定的宏伟奋斗目标还不完全适应。因此,从战略上提出文化强国的任务已是势在必行、刻不容缓。

我们要建设的全面小康社会,是一个经济、政治、文化、社会协同发展的社会。建设社会主义文化强国,既能够满足人们日益增长的精神文化需求,又可把社会主义核心价值体系建设融入国民教育、精神文明建设和党的建设全过程,培育经济社会协调发展的思想意识、思维方式,构建健康向上、协同进步的文化体系,形成全社会共同的思想基础,缓和并消除社会矛盾,为全面建成小康社会提供精神基础、思想保证和智力支持。

 ## 2. 如何理解中国特色社会主义文化道路?

改革开放特别是党的十六大以来,我们党始终把握中国先进文化的发展趋势和要求,着眼时代前沿,立足新的实践,努力建设和弘扬先进文化,不断丰富人们的精神世界、增强人们的精神力量,充分展现了先进文化的强大感召力和吸引力。中国特色社会主义文化发展道路,就是在探索建设先进文化实践中取得的最重要成果,从根本上说就是发展社会主义先进文化之路,也就是以马克思主义为指导,发展面向现代化、面向世界、面向未来的,民族的科学的大众的社会主义文化。这条文化发展道路,是我们党长期领导文化建设实践经验的集中体现,是对我国文化发展规律的深刻揭示,符合我国基本国情,顺应时代发展潮流,反映了新形势下党和国家事业发展对文化建设的新要求。

中国特色社会主义文化发展道路是科学发展之路。科学发展观是马克思主义关于发展的世界观、方法论的集中体现,不仅反映了我们党对当今世界发展趋势和中国特色社会主义事业发展方位的科学把握,而且反映了我们党对当今文化发展趋势和我国文化建设规律的科学把握。十六大以来,我们党坚持用科学发展观指导文化建设,努力把全社会文化发展的积极性引导到科学发展上来,逐步形成了符合科学发展观要求的新的文化发展理

念,科学回答了中国文化实现什么样的发展、怎样实现发展的重大问题。

中国特色社会主义文化发展道路是强基固本之路。社会主义核心价值体系是兴国之魂,是社会主义意识形态的本质体现。文化的力量,很大程度上取决于凝结其中的核心价值体系的力量;不同文化的竞争,很大程度上表现为各自代表的核心价值体系的竞争。以社会主义核心价值体系为内核,用社会主义核心价值体系凝魂聚气、强基固本,是中国特色社会主义文化发展道路的根本标识。

中国特色社会主义文化发展道路是以人为本之路。人民是历史的创造者,是文化发展最深厚的力量源泉。我们建设的社会主义文化,是人民大众的文化;中国特色社会主义文化发展道路,是人民群众共建共享的道路。这条文化发展道路,坚定地维护广大人民的文化权益,蕴含着我国文化建设永恒不变的价值追求,其重要特征就是坚持以人为本、坚持人民至上。

中国特色社会主义文化发展道路是改革创新之路。改革创新是坚持和发展中国特色社会主义的强大动力,也是推动文化繁荣发展的强大动力。中国特色社会主义文化发展道路本身就是改革创新的成果,以改革创新为动力是坚持这条道路的必然要求。推动文化大发展大繁荣,必须坚持解放思想、实事求是、与时俱进,坚持百花齐放、百家争鸣,把改革创新精神贯穿文化建设全过程,不断激发文化创造活力,解放和发展文化生产力。

归结起来,中国特色社会主义文化发展道路就是建设社会主义文化强国之路。中国特色社会主义文化发展道路和建设社会主义文化强国,是路径和目标的关系;坚持走中国特色社会主义文化发展道路,最终目标是建设社会主义文化强国。

3. 如何认识"24字"社会主义核心价值观?

胡锦涛同志在十八大报告关于扎实推进社会主义文化强国建设部分,把社会主义核心价值体系建设作为一项重要任务,特别强调要"倡导富强、民主、文明、和谐,倡导自由、平等、公正、法治,倡导爱国、敬业、诚信、友善,积极培育社会主义核心价值观"。这一重要论述是我们党立足社会主义核心价值体系建设实践作出的重大理论创新,反映了我们党对社会主义核心价值观问题的最新认识,体现了我们党高度的理论自觉和文化自觉,必将极大地推动社会主义核心价值体系建设。

富强、民主、文明、和谐,是我国在社会主义初级阶段的奋斗目标。社会主义作为一种先进的生产关系和社会制度,极大地解放和发展了社会生产力,创造出了比以往任何社会形态条件下更为发达的物质文明和高度的精神文明,为迈向共产主义社会奠定坚实基础。实现富强、民主、文明、和谐,反映了近代以来中国历史发展的根本要求。倡导富强、民主、文明、和谐,是改革开放以来我们党的基本主张。在当代中国,实现国家昌盛、人民幸福和民族复兴,符合近代以来中国人民寻求民族复兴的共同愿景,昭示中国特色社会主义伟大事业的美好前景,始终是一个鼓舞人心、振奋精神的价值理想,是一个能够凝聚起亿万人民群众智慧和力量的宏伟目标。

自由、平等、公正、法治,反映了社会主义社会的基本属性,始终是我们党和国家奉行的核心价值理念。我们党是马克思主义政党,马克思主义追求的终极目标是人的自由而全面的发展,我们党从成立之初就将其写在自己的旗帜上,并为之做出了不懈奋斗,在实践上极大发展了人民的自由和平等,极大发展了社会的公正和法治。可以说,我们党坚持科学发展,坚持以人为本,坚持执政为民,坚持依法治国,最终的目标都是服务人民,促进人的全面发展,践行自由、平等、公正、法治的崇高理念。

爱国、敬业、诚信、友善,是公民应当树立的基本价值追求和应当遵循的根本道德准则,是公民基本道德规范的核心要求,体现了社会主义价值追求和公民道德行为的本质属性。爱国、敬业、诚信、友善,涵盖了社会主义公民道德行为各个环节,贯穿了社会公德、职业道德、家庭美德、个人品德各方面,集成了中华民族传统美德、中国共产党人革命道德和社会主义新时期道德的精华,具有很强的全面性和系统性。

十八大对社会主义核心价值观问题的重要论述,所包含的都是社会主义最基本、最核心、最重要的价值理念。其中,富强、民主、文明、和谐体现了社会主义核心价值观在发展目标上的规定,是立足国家层面提出的要求;自由、平等、公正、法治体现了社会主义核心价值观在价值导向上的规定,是立足社会层面提出的要求;爱国、敬业、诚信、友善体现了社会主义核心价值观在道德准则上的规定,是立足公民个人层面提出的要求。

这三个层次的理念相互联系、相互贯通,实现了政治理想、社会导向、行为准则的统一,实现了国家、集体、个人在价值目标上的统一,兼顾了国家、社会、个人三者的价值愿望和追求。

可以说,这一表述反映了我国社会主义制度的本质规定,体现了中国特色社会主义事业的发展要求,昭示了中国共产党长期奋斗的一贯主张,继承了中华传统文化精华,汲取了人类文明优秀成果,既坚持了马克思主义的共性又涵盖着中国特色社会主义的个性,既坚守国家社会的目标又张扬了人的主体性,既有深厚的传统底蕴又有鲜明的时代特征,具有广泛的感召力、强大的凝聚力和持久的引导力。同时我们还要看到,采取这样一种开放性的表述方式,体现了马克思主义与时俱进的时代特色和旺盛生命力,展示了我们党进行实践探索和理论创新的勇气和智慧。

4. 如何认识当前正在推进的文化体制改革?

十一届三中全会以来,随着经济体制改革进一步深化和经济社会快速发展,文化赖以生存和发展的经济基础、体制环境、社会条件等都发生了深刻变化。传统文化体制与人民群众日益增长的精神文化需求、全面建设小康社会的目标任务不相适应,与完善社会主义市场经济体制、进一步扩大对外开放的新形势不相适应,与依法治国、加快社会主义法治建设的环境不相适应,与高新技术在文化领域迅猛发展和广泛应用的趋势不相适应。实现文化事业全面繁荣和文化产业快速发展,迫切需要深化文化体制改革。深化文化体制改革,是加快社会主义现代化建设的内在要求,是提升我国综合国力的迫切要求,是实现经济、政治、文化和社会协调发展,构建社会主义和谐社会的重要内容。

当前正在推进的文化体制改革,就是使文化工作实现从计划经济体制向社会主义市场经济体制的成功转型,使市场在文化资源配置中发挥基础性作用。这是一场全方位、宽领域、深层次的历史性变革,涉及整个文化领域,主要内容有:经营性文化单位转企改制,公益性文化事业单位内部机制改革,公共文化服务体系建设,文化市场综合执法改革,文化管理体制改革等。其中,改革的重中之重,

是按照创新体制、转换机制、面向市场、增强活力的要求,加快经营性文化单位转企改制。

自 2003 年我国开展文化体制改革试点工作以来,大致经历以下三个阶段:

(1) 开展试点、积极探索(2003 年 6 月至 2005 年 12 月)。按照十六大关于抓紧制定文化体制改革总体方案的要求和工作部署,2003 年 6 月召开了文化体制改革试点工作会议,确定北京、上海、重庆、广东、浙江、深圳、沈阳、西安、丽江等 9 个文化体制改革综合性试点地区和 35 个试点单位,开展试点工作。

(2) 扩大试点,由点到面(2005 年 12 月至 2009 年 8 月)。在总结试点经验的基础上,2005 年底中共中央、国务院下发《关于深化文化体制改革的若干意见》,明确了深化改革的指导思想、方针原则、总体目标、主要任务,要求北京等综合性试点地区率先将改革全面推开;除新疆、西藏以外的其他省市区,都要确定自己的改革试点地区和单位,并将改革在本省区市逐步推开。

(3) 加速推进、全面展开(2009 年 8 月至今)。2009 年 8 月召开全国文化体制改革经验交流会,进一步对改革进行部署,要求推开出版、发行、电影、文化市场管理等领域改革,推动改革取得决定性进展,2012 年以前基本完成中央确定的文化体制改革主要任务,为社会主义文化大发展大繁荣提供良好的体制环境。当前,随着改革工作的深入推进,各地对文化体制改革工作的重视程度逐步增强,进入了文化体制改革全面展开的新阶段,形成了三个新的特点。一是改革的思路任务更加明确;二是改革推进的力度、工作机制更加有力;三是改革政策措施的应用更加熟练。

十八大报告提出,建设社会主义文化强国,必须深化文化体制改革,解放和发展文化生产力,增强文化整体实力和竞争力,让一切文化创造源泉充分涌流,增强全民族文化创造活力。这充分体现了我们党高度的文化自觉、文化自信和对文化发展规律的科学把握,为中国特色社会主义文化建设指明了方向。我们要从党和国家事业发展全局的高度,从时代发展大局的高度,充分认识文化建设的战略意义,进一步深化文化体制改革,为建设社会主义文化强国奠定坚实的制度基础。

5. 如何推进现代文化市场体系建设?

现代文化市场体系,是指文化产品、文化服务市场和各文化要素市场在相互联系和相互作用中形成的文化市场有机整体。构建现代文化市场体系,既是深化文化体制改革的必然要求,也是文化市场健康繁荣发展的根本保证。

现代文化市场的特点主要表现为统一性、开放性、竞争性和有序性,它的功能是提高资源配置效率,促进文化经济相互联系和调整各种利益关系。当前文化产业多元化投资格局开始形成,现代文化产品流通组织形式初具规模,条块分割、地区封锁、城乡分离的传统市场格局初步打破,资本、产权、信息、人才、技术等文化生产要素市场加快发展。但是,与文化大发展大繁荣的要求相比,我国文化市场体系建设水平整体上还不够高,文化产品和生产要素在全国范围内流动不畅,还不能适应现代文化产业发展的要求。

进一步推进现代文化市场体系建设的主要任务有以下几个方面:

(1)构建统一开放竞争有序的文化市场体系。统一性表现为文化市场规则的一致性、文化市场的自由流动性、同一文化市场价格的均衡性、不同文化市场间的价格关联性等；开放性主要表现为，参与竞争的市场主体众多，参与竞争的产品、服务和要素丰富，参与竞争的中介、咨询、服务等市场活动活跃等；有序性体现为统一的文化市场规则、健全的文化市场信用制度、强有力的财产和知识产权保护、灵活多样的文化产品流通方式和渠道以及良好的市场交易秩序。

（2）大力发展文化产品市场。文化产品市场是消费者选择和购买文化产品的重要窗口和平台，是扩大文化消费的关键环节。只有大力发展文化产品市场，才能把群众喜闻乐见的文化产品快速、通畅送达消费者，要重点发展图书报刊、电子音像制品、演出娱乐、影视剧、动漫游戏等产品市场，进一步完善中国国际文化产业博览交易会等综合交易平台等。

（3）积极发展现代文化产品流通组织和流通形式。流通组织和流通形式是文化产品从生产领域向消费领域转移的重要载体和主要渠道。只有发展连锁经营、物流配送、电子商务等现代流通组织和流通形式，文化产品才能实现低成本、高效率的流通配送。在现代文化市场体系建设中，完善现代流通、加快市场中介和行业组织建设一直是薄弱环节。

（4）加快培育文化要素市场。文化要素市场是文化生产所必需的产权、版权、技术、信息等要素进行交易的场所，是文化产业大发展的必要基础条件，要加快培育产权、版权、技术、信息等要素市场，办好重点文化产权交易所，规范文化资产和艺术品交易。

（5）加强文化行业组织和中介机构建设。健全文化经纪代理、评估鉴定、投资、保险、担保、拍卖等中介服务机构，引导行业组织更好地履行协调、监督、服务、维权等职能。文化行业组织和中介机构在文化市场中具有服务、协调、自律和监督等重要功能，是文化产业大发展不可或缺的重要支撑。既要鼓励各类中介组织健康发展，又要积极引导其规范运作，向品牌化、专业化方向发展。

 ## 6. 如何推进现代文化产业体系建设？

当今世界正处于大发展大变革大调整时期，文化在综合国力竞争中的地位和作用愈加凸显。当前，加快发展文化产业对转变经济发展方式的作用越来越明显，已成为全局工作的重要组成部分。在当前我国文化发展形势的大背景下，推进现代文化产业体系建设的主要任务有以下几个方面：

一是推动文化与科技融合，构建现代文化产业的合理格局。一方面要积极发展和壮大出版发行、影视制作、印刷、广告、演艺、娱乐、会展等传统文化产业，另一方面要加快发展文化创意、数字出版、移动多媒体、动漫游戏等新兴文化产业，规范发展文化产业园区。在信息化时代，重视文化与科技的融合，加快转变文化发展方式，是实现文化大发展大繁荣的必由之路。因此，我们要广泛推广、应用集成数字化和网络化等新技术，实现文化资源的数字化，从而改造提升传统文化产业，催生新的文化业态，推动文化产业转型升级。同时，还要尽快形成覆盖广泛、传输便捷的现代传播体系，扩大文化影响力，使文化消费更加便利、有效，需求规模迅速扩大。

二是大力发展文化企业，培育合格市场主体，提高文化产业活力和竞争力。一方面要培育骨干文化企业，建设一批核心竞争力强的国有或国有控股大型文化企业乃至企业集团，在发展产业和繁荣市场方面发挥主导作用;鼓励有实力的文化企业以资本为纽带,实行跨地区、跨行业、跨所有制、跨媒体兼并重组,打造一批具有较强国际竞争力的"文化航母"。另一方面要积极扶持中小文化企业,通过政府采购、信贷支持、加强服务等多种形式扶持中小文化企业发展,形成富有活力的中小企业群体。另外,要推动文化产业与旅游、体育、信息、物流、建筑等产业的融合发展,提升品牌价值,增加物质产品和现代服务业的附加值和文化含量。

三是加大文化创新力度,树立品牌意识。文化创新和品牌建设是促进文化产业加速发展的有效途径。要坚持把文化体制改革、文化市场培育和文化创新紧密结合,以改革促创新、促发展,以优秀的文化产品和服务引导和刺激文化消费。一是推动文化内容创新。文化产业是内容产业,要想生产更多更好的文化产品,必须不断改进文化产品生产的内容、形式和方法。二是推动文化生产和传播手段创新。要积极运用现代科技手段丰富文化产品的生产方式和传播方式,改造提升传统文化产业,催生新的文化业态。三是推动文化服务创新。要进一步提升和改善市场服务的水平和层次,让消费者更加方便、舒适地接受文化产品。如建立物流配送体系、开展网上购物和电视购物、提供良好的售后服务、创造舒适的文化休闲与消费环境等,有效增强文化产品的市场竞争力。

四是完善推动文化产业发展的政策扶持体系。要从财政、税收、金融等多方面加大扶持力度,进一步推进文化经济、文化贸易、版权保护、法制保障等方面的政策研究和探索。此外,还要加紧启动国家文化科技创新工程,把重大文化科技项目纳入国家相关科技规划统筹安排,加强关键技术攻关,推进国家级文化和科技融合示范基地建设,完善文化贸易促进政策。

五是加快文化企业走出去步伐。现阶段我们要大力支持文化企业走出去,支持文化企业在海外投资、投标、营销、参展和宣传等市场开拓活动,为文化企业走出去提供通关便利。要对符合条件的文化企业发展海外业务给予账户开立、资金汇兑方面的政策便利。与此同时,还要加强文化企业和文化产品在进出口环节的知识产权保护,维护权利人的合法权益。

 ## 7. 如何推进文化管理体制的创新?

文化发展的各个元素,包括文化生产、文化消费、文化流通、文化组织、文化机构、文化分配、行业文化权利等,都需要文化管理体制和运行机制的改革与创新,这是保障文化发展的基础和条件。文化宏观管理体制的改革创新主要是指理顺党委、政府与文化企事业单位的结构状况与相互关系。必须牢牢把握正确方向,加快推进文化体制改革,建立健全党委领导、政府管理、行业自律、社会监督、企事业单位依法运营的文化管理体制,发挥市场在文化资源配置中的积极作用,使各文化单位之间各司其责,各得其所,相互配合,相得益彰。

进一步转变政府文化管理职能。转变政府文化管理的功能,主要是指将政府的文化管理内容定位为:为文化发展方向定位、制定文化发展战略、进行文化体制建设、制定和颁布文化政策法规、提供必要的文化发展信息、制定国家文化发展预算、合理分配和使用国家文化发展基金、指导群众文化活动、开展艺术教育、组织对外文化交流并受人民代表大会委托监督文化政策、法规执行情况和文化预算、基金使用情况等。与此同时,原先政府所承担的一些职能,主要是对基层文化单位的人事管理、业务管理、财务管理、经营管理等,

应当逐步放弃。

促进文化产业更好地发展。文化产业的发展是多方利益的博弈,文化产业的发展需要各方的支持和合作。从国家层面来讲,国家需要确定文化产业规划,做好法律和政策的管理和扶持。从政府层面来讲,需要从观念和制度上切实重视文化产业的发展,并实行一些扶植政策进行支持。迄今为止,中国文化发展战略的制定还停留在地区或区域层次。不同地区的文化发展规划相互之间往往缺乏协调,因此,各文化领域相互支持、协调发展的综合平衡不足,这将阻碍国家整体文化的健康发展,宏观的文化发展战略对协调不同地区文化发展是很有帮助的。

推进文化管理的法治化进程。在社会生活各领域中,文化领域的立法比较滞后,内容也较少。文化的发展需要社会各个部门的通力合作,在这种情况下,部门规章、条例往往无法实现协调多个部门统一实现某一文化目标的作用,许多关系文化发展的外部环境单单就某一个文化管理部门来说,很难进行统一管理,在这种情况下,国家法律的制定就显得尤其重要。要展开大规模广泛深入的调研,摸清我国文化领域的法律空白,进而有针对性地加快立法进程,使我国的文化建设尽快做到有法可依。

发展公共文化服务体系。要加快构建公共文化服务体系,按照体现公益性、基本性、均等性、便利性的要求,坚持政府主导,加大投入力度,推进重点文化惠民工程,加强公共文化基础设施建设,促进基本公共文化服务均等化。在公共文化服务体系的建设上,从多体系分步打造入手,构建完整的公共文化服务体系,主要包括公共文化设施建设、公共文化活动平台建设、公共文化免费服务工程建设、公共文化活动品牌建设等一系列的公共文化技术服务支持体系,保障公共文化体系建设有序、有效推进。

8．如何理解新形势下的"二为"方向？

"二为"方向，主要指文学艺术要"为人民服务，为社会主义服务"。"为人民服务"就是为工农兵、知识分子、干部和一切拥护社会主义、热爱祖国的人们服务。社会主义是广大人民群众的根本利益所在，"为社会主义"服务也就是为人民服务，"二为"方向并不限制艺术家的创作性，而是鼓励文艺工作者在为人民服务，为社会主义服务的前提下，创作出更多更好的精神产品，为社会主义精神文明建设作贡献。

"文艺为人民服务、为社会主义服务"的总口号，概括了社会主义时期文艺工作的总任务和根本目的，它不仅完整地反映了社会主义时代对文艺的历史要求，而且更符合文艺的客观规律。坚持为人民服务、为社会主义服务的方向，是社会主义制度对文化建设提出的本质要求，是社会主义精神文明建设的具体体现，是社会主义文化必须担负的社会责任。发展繁荣中华文化，必须高举"二为"方向的旗帜，不动摇。坚持"二为"方向不走样，是解决当前乃至今后精神文化产品创作生产领域存在的突出问题，更好地发挥文化功能、提升审美情趣和鉴赏水平、引领社会风尚作用的迫切需要。

文艺创作坚持"二为"方向，体现两个基本内涵：一是对人民有益，即文艺要为人民服务。就是说，文艺作品的客观效果，要有益于人民身心健康，社会和谐；有益于人民群众素质的提高；有益于实现人的全面发展和生活幸福、促进社会全面进步。二是文艺要注重客观社会效果，即文艺要为社会主义服务。文艺作品要有利于中国特色社会主义制度的巩固和发展；有利于实现现代化建设和民族振兴

大业、各民族大团结、祖国统一大业;有利于改革开放,发展稳定;有利于社会主义经济建设、政治建设、文化建设、社会建设、生态建设和党的建设,造福于各族人民群众。

精神文化产品创作生产是文化建设的重要环节。我们党十分注重加强对创作思想的引导,创作氛围融洽和谐,各种文化创作生产呈现开拓创新、繁荣发展喜人景象,取得了显著成效。但是,也要清醒地看到,文化领域还存在一些不容忽视、人民群众反映强烈的突出问题。譬如:有的只强调经济利益,不注重社会效益,单纯追求一己私利而忘却社会责任;有的若明若暗地宣扬腐朽没落的剥削阶级极端个人主义思想意识、封建迷信与专制思想;有的迎合低级趣味,不注重发挥现代文化的引领作用,庸俗、低俗、媚俗现象时有发生等等。处理解决这些文化"出格"、"出轨"的问题,必须加强贯彻"二为"方向,切实促进对文化产品创作生产的引导。一切进步的文化创作生产,理所当然都源于人民、为了人民、属于人民。只有坚持以人为本,培养和增进对人民群众的感情,坚持以最广大人民为服务对象和表现主题,通过形式多样的文化创造,为人民放歌,为人民抒情,为人民呼吁,才能为人民提供更好更多的精神食粮,不断满足人民日益增长的精神文化需求。

 ## 9. 如何理解新形势下的"双百"方针?

"百花齐放,百家争鸣"是我党指导文化艺术发展和科学学术研究的基本方针,是以毛泽东同志为核心的第一代党的领导集体在正确反映建国初期社会历史背景、尊重科学文化发展规律的基础上对科学文化事业发展途径的重要探索,是经历了时间和实践检验的指导科学文化事业的正确方针。新的时代背景和历史条件赋予"双百"方针新的时代内涵,这就要求我们结合时代要求创造性地运用这一方针,实现我国文化事业的大繁荣、大发展。

"百花齐放,百家争鸣"既是社会主义和谐文化建设的指导方针,也是和谐文化建设的应有之义。建设和谐文化是建设社会主义和谐社会的重要任务。和谐文化的核心是崇尚和谐理念、体现和谐精神。和谐文化的前提必须是存在"百花"和"百家",不同流派、不同形式的观点文化在对立斗争中达到和谐统一,发挥为社会主义现代化建设提供思想保证、精神动力和智力支持的重要作用。"一花"和"一家"永远不会形成和谐局面。在这一意义上说,和谐文化建设的一个重要特征就是"百花齐放,百家争鸣"。

"双百"方针是推动科技创新的重要保障。"双百"方针具有允许多样、鼓励竞争、体现包容的特点,而这些特点正是创新所必需的基本要素。科学研究中,最忌唯一标准、单一方法的禁锢,应该打造平台、创造条件,激发和鼓励新思想、新方法的产生,并推动它们在科学研究实践和服务社会活动中碰撞、争鸣,提倡充分说理的批评与反批评,使优者发扬,劣者淘汰。同时,科学研究上必须包容错误观点、方法的产生,对优秀科研成果应予以褒扬,并推动成果转化,对于在科研活动中受到挫折和打击的科研工作者应该予以鼓励,暂时的失败也许是更大成功的先导,是激发其发挥更大创造能力的动力。

中国的文化发展要适应中国社会生活日趋丰富多彩、人们思想文化多元多样多变的客观现实,努力实现引领性与包容性的统一,强调尊重艺术规律、尊重作家艺术家个性与提倡社会责任感的统一。我们倡导文化艺术作品要有深刻的精神内涵,体现民族精神和时代精神,体现人民的利益和愿望,实现思想性、艺术性、观赏性的有机结合,使人们从文艺作品中得到艺术享受,受到审美启迪。同时,在艺术创作生产中尊重差异,兼收并蓄,充分尊重文化艺术工作者的创作个性,尊重人民群众多样化的文化需求,充分发扬学术民主和艺术民主。在艺术创作上提倡不同形式和风格的自由发展,在艺术理论上提倡不同观点和学派的充分讨论,在艺术发展上提倡不同品种和业态的积极创新,在文化产品上支持多样化生产和经营,正确处理高雅与通俗、普及与提高的关系,兼顾各方面的意愿和渴求,促进文化艺术内容、形式、风格的极大丰富。

10. 如何认识国家文化"软实力"建设?

国家文化软实力,包括意识形态和价值观、文化的吸引力和感染力、外交政策和国际形象、发展道路和制度模式等。提升国家文化软实力,是党的十八大深刻总结我国文化改革发展的丰富实践和宝贵经验,在科学分析新形势新任务的基础上提出的一项重大战略任务,也是建设社会主义文化强国的重要举措。大力提升国家文化软实力,要以战略的意识、世界的眼光、创新的思维,进一步发展文化生产力,着力增强文化凝聚力,积极提高文化传播力,不断提高我国文化国际竞争力和影响力。

与政治价值观和外交政策相比,文化作为国家的软实力,具有不可替代的重要作用。文化是民族创造力的重要源泉,一个民族所创造的文化成果,不仅丰富了本民族的文化宝库,也为人类文化增添了色彩;不仅为本民族所享用,也为其他民族所分享。一个文化创造力较强的民族,更容易赢得其他民族在观念上的尊重、情感上的亲近、行动上的支持。这种使其他民族尊重、亲近和支持的能力,就是"文化软实力"。

一个民族、一个国家，如果没有自己独特的文化，就等于没有灵魂，就会失去凝聚力和生命力。文化是民族生命力、凝聚力和创造力的重要源泉，具有引领社会、教育人民、凝聚人心的作用。文化凝聚力，指对内增强民族凝聚力和向心力，对外增强国家亲和力和影响力，是一个国家文化软实力的重要体现。国家文化软实力提升的过程，也是全民族文明素质提升的过程。文化的核心价值是丰富人的精神世界，提升人的精神境界。只有当文化资源内化为民众的信仰，转化为民众的文明素质，才能成为真正的国家文化软实力。

增强中华文化的国际影响力的一个基础性工作就是弘扬中华文化。中华传统文化源远流长、博大精深，不仅具有历史文献和文明遗产的价值，也是中华民族共有精神家园，是中华民族生生不息、团结奋进的不竭动力，并以包容性的特征彰显其全球性价值。我们要全面认识祖国传统文化，取其精华，去其糟粕，保持民族性，体现时代性。要运用现代科技手段开发利用民族文化丰厚资源，挖掘和保护各民族文化遗产，在国内进行教育传授，去国外参与文明对话。

中华民族伟大复兴的过程必然是国家文化软实力提升的过程，也必然是中华文化国际影响力不断增强的过程。文化的影响不仅取决于内容是否具有独特魅力，还取决于是否具有先进的传播方法、传播手段和强大的传播能力。目前，以数字技术、网络技术、卫星通讯等信息技术的发展和生活节奏的变化，使得文化发展、传播以及产生影响的方式发生了很大的变化。新载体、新方式和新话语的产生和传播是发展和运用文化软实力的重要渠道。健全的传播机制、先进的传播手段和强大的传播能力是扩大国家文化软实力影响的重要因素。提高文化传播力,必须进一步改进文化传播的途径和手段,充分利用互联网、宽带移动通信网、数字电视网等新兴传媒,不断创新主流文化的表现形式、发展样式和传播方式,改变文化的生产、传播和消费方式,催生新的文化载体、文化样式和文化业态,不断创新话语体系,扩大我国文化的影响力。

民生建设篇

　　我们已从一个人口大国转变成为人力资源大国，正在向人力资源强国昂首迈进。我国社会保障体系建设迅速推进，建设速度、公共投入力度、惠及民生广度均前所未有，一个具有中国特色并覆盖城乡居民的新型社会保障体系已经形成。这张世界上覆盖人口最多的社会保障网络，纵贯养老、医疗、就业、社会救助和福利等领域，有效发挥了社会建设"助推器"、"减震器"、"稳定器"和"安全网"的作用。

? 1. 过去十年我国社会建设有哪些重大成就？当前面临哪些主要问题？

十八大报告指出："十七大以来的五年，是我们在中国特色社会主义道路上奋勇前进的五年，是我们经受住各种困难和风险考验、夺取全面建设小康社会新胜利的五年。"

"这十年，我们紧紧抓住和用好我国发展的重要战略机遇期，战胜一系列重大挑战，奋力把中国特色社会主义推进到新的发展阶段。"

这十年，我国教育事业迅速发展，教育优先发展战略地位日益巩固，坚持以人为本全面实施素质教育，教育普及水平持续提升，教育改革开放不断深化，教育公平迈出重大步伐，教育教学质量稳步提高，教育对经济社会贡献力度明显加大，中国教育影响力竞争力显著增强，走出了一条中国特色社会主义教育发展道路，为21世纪第二个十年中国教育事业更大发展奠定了坚实基础。

这十年，我国积极就业政策体系不断完善，就业规模持续扩大，就业结构不断优化；职工工资水平稳步提高；劳动关系协调机制逐步完善，劳动关系总体保持和谐稳定；在我国社会主义基本经济制度下，按劳分配为主体、多种分配方式并存的分配制度已基本形成。

这十年，我国社会保障体系建设迅速推进，建设速度、公共投入力度、惠及民生广度均前所未有。社保基金规模不断扩大，城乡社会救助体系全面建立，一个具有中国特色并覆盖城乡居民的新型社会保障体系已经形成，并开始从试验性状态走向定型、稳定发展的新阶段。这张世界上覆盖人口最多的社会保障网络，纵贯养老、医疗、就业、社会救助和福利等领域，有效发挥了社会建设"助推器"、

"减震器"、"稳定器"和"安全网"的作用。

这十年,我国医药卫生事业发展又迈上一个新台阶。主要表现在以下三个方面:

(1)医药卫生体制改革取得重大进展。一是全民基本医保制度基本建立;二是国家基本药物制度初步建立;三是基层医疗卫生服务体系逐步健全,覆盖城乡的基层医疗卫生服务网络基本建成,以全科医生为重点的基层人才队伍建设逐步加强;四是基本公共卫生服务均等化水平明显提高;五是公立医院改革试点积极推进,社会办医得到鼓励、引导和发展。

(2)医药卫生事业发展逐步走上科学轨道。一是卫生事业不断壮大;二是基层医疗卫生体系建设显著加强;三是公共卫生服务能力持续提高;四是公共医疗卫生公益性逐步增强;五是基层群众在卫生改革发展中明显受益。

(3)国民健康状况显著改善。我国已提前实现了联合国千年发展目标中关于健康的指标,居民健康水平走在发展中国家前列。

必须清醒看到,当前我们面临的社会建设领域的主要困难和问题是,"城乡区域发展差距和居民收入分配差距依然较大;社会矛盾明显增多,教育、就业、社会保障、医疗、住房、生态环境、食品药品安全、安全生产、社会治安、执法司法等关系群众切身利益的问题较多,部分群众生活比较困难"等。对这些困难和问题,我们必须高度重视,进一步认真加以解决。

2. 在改善民生和创新管理中加强社会建设的伟大意义与总体要求是什么?

十八大报告提出"在改善民生和创新管理中加强社会建设",这一战略部署具有伟大的意义。"加强社会建设,是社会和谐稳定的重要保证。必须从维护最广大人民根本利益的高度,加快健全基本公共服务体系,加强和创新社会管理,推动社会主义和谐社会建设。"

报告指出,"面向未来,深入贯彻落实科学发展观,对坚持和发展中国特色社会主义具有重大现实意义和深远历史意义,必须把科学发展观贯彻到我国现代化建设全过程、体现到党的建设各方面"。深入贯彻落实科学发展观的根本要求体现为"四个必须更加自觉",即全党必须更加自觉地把推动经济社会发展作为深入贯彻落实科学发展观的第一要义;必须更加自觉地把以人为本作为深入贯彻落实科学发展观的核心立场;必须更加自觉地把全面协调可持续作为深入贯彻落实科学发展观的基本要求;必须更加自觉地把统筹兼顾作为深入贯彻落实科学发展观的根本方法。由此可见,加强社会建设正是深入贯彻落实科学发展观这一根本要求的具体体现。

在改善民生和创新管理中加强社会建设,其总体要求体现在两个方面。一方面,"加强社会建设,必须以保障和改善民生为重点。提高人民物质文化生活水平,是改革开放和社会主义现代化建设的根本目的。要多谋民生之利,多解民生之忧,解决好人民最关心最直接最现实的利益问题,在学有所教、劳有所得、病有所医、老有所养、住有所居上持续取得新进展,努力让人民过上更好生活"。另一方面,"加强社会建设,必须加快推进社会体制改革。要围绕构建中国特色社会主义社会管理体系,加快形成党委领导、政府负责、社会协同、公众参与、法治保障的社会管理体制,加快形成政府主导、覆盖城乡、可持续的基本公共服务体系,加快形成政社开、权责明确、依法自治的现代社会组织体制,加快形成源头治理、动态管理、应急处置相结合的社会管理机制"。

加强社会建设是"社会和谐稳定的重要保证",而"社会和谐是中国特色社会主义的本质属性"。因此,"要把保障和改善民生放在更加突出的位置,加强和创新社会管理,正确处理改革发展稳定关系,团结一切可以团结的力量,最大限度增加和谐因素,增强社会创造活力,确保人民安居乐业、社会安定有序、国家长治久安"。

3. 加强社会建设为什么必须以保障和改善民生为重点？

十八大报告指出:"加强社会建设,必须以保障和改善民生为重点"。这体现了对社会建设规律的深刻认识。

(1)坚持以人为本的具体体现。我们党的根本宗旨是全心全意为人民服务,坚持以人为本,就必须做到发展为了人民、发展依靠人民、发展成果由人民共享,促进人的全面发展。我们党的一切奋斗和工作都是为了造福人民,因此,必须"要多谋民生之利,多解民生之忧,解决好人民最关心最直接最现实的利益问题",加快推进以保障和改善民生为重点的社会建设,从而"在学有所教、劳有所得、病有所医、老有所养、住有所居上持续取得新进展,努力让人民过上更好生活"。

(2)促进社会和谐的重要保证。当前,我国一些影响群众生活和社会稳定的问题主要集中在民生领域。这些问题能否妥善解决,直接关系到社会的和谐稳定。因此,抓住保障和改善民生这个社会建设的重点,推进改善民生的制度性安排,努力满足人民群众在教育、就业、收入、社会保障、医疗等方面的基本需求,也就抓住了解决当前社会问题的关键。

（3）全面建成小康社会的必然要求。为了实现十八大对全面建成小康社会提出的新的目标要求，必须坚持经济建设、政治建设、文化建设、社会建设、生态文明建设"五位一体"协调发展，特别是推进经济社会协调发展，发展社会事业和改善民生。经济发展与社会发展特别是民生领域工作密切相关，没有社会发展与经济发展相协调，没有相应的教育、就业、社会保障等制度相配套，经济持续健康发展、全面提高人民生活也难以实现。因此，我们要在经济发展的基础上更加注重社会建设，同时只有发展社会事业、做好保障和改善民生工作，才能为扩大国内需求、拉动经济增长提供不竭动力。

4．怎样加快推进社会体制改革以加强社会建设？

十八大报告强调，"加强社会建设，必须加快推进社会体制改革"。当前，我国既处于发展的重要战略机遇期，又处于社会矛盾凸显期，积极稳妥地解决好社会建设领域存在的突出问题，迫切需要"围绕构建中国特色社会主义管理体系"，用体制来推动、促进和保障。

（1）"加快形成党委领导、政府负责、社会协同、公众参与、法治保障的社会管理体制"。社会管理体制是社会体制的重要组成部分。党委领导就是要坚持党委领导核心作用，总揽全局、把握方向、整合力量、统筹各方。政府负责就是要发挥政府的主导作用，强化政府社会管理和公共服务职能。社会协同就是要发挥人民团体、基层自治组织、各类社会组织和企事业单位的协同作用，推进社会管理的规范化、专业化、社会化、法制化。公众参与就是要发挥群众参与社会管理的基础作用。法治保障就是要坚定不移落实依法治国基本方略,加强社会领域立法和执法,把社会管理纳入法治化轨道。

(2)"加快形成政府主导、覆盖城乡、可持续的基本公共服务体系"。基本公共服务体系是社会体制改革的重要保障。政府主导就是要明确政府主体责任,完善公共财政体系,科学划分各级政府基本公共服务事权和支出责任,健全地方政府为主、统一与分级相结合的公共服务管理体制。覆盖城乡就是要打破行业分割和地区分割,加快城乡基本公共服务制度一体化建设,实现基本公共服务制度覆盖全民。可持续就是要立足我国社会主义初级阶段基本国情,优先保障基本公共教育、劳动就业服务、社会保险、基本社会服务、基本医疗卫生、基本住房保障等服务的提供,随着经济社会发展逐步扩大范围和提高标准。

(3)"加快形成政社分开、权责明确、依法自治的现代社会组织体制"。现代社会组织体制是社会体制改革的重要平台。政社分开就是各级政府要健全政府职责体系,办好由政府承担的社会管理和公共服务;同时推动政府部门向社会组织转移职能,向社会组织开放更多的公共资源和领域,支持各类社会组织承担社会事务,参与社会管理和公共服务。权责明确就是要推动社会组织健康有序发展,发挥社会组织提供服务、反映诉求、规范行为的积极作用。依法自治就是要完善法律监督、政府监督、社会监督、自我监督相结合的监管体系,健全法律法规,严格依法监管;建立社会组织监管机制和管理信息平台,制定社会组织行为规范和活动准则,实行社会组织信息公开和评估制度,强化社会监管;引导社会组织完善内部治理结构,提高自律性。

(4)"加快形成源头治理、动态管理、应急处置相结合的社会管理机制"。社会管理机制是社会体制改革的重要支撑。源头治理,强调注重民生和制度建设,坚持科学民主依法决策,防止和减少社会问题产生;动态管理,强调注重平等沟通和协商,解决群众合理诉求,及时化解社会矛盾;应急处置,强调注重应急能力建设,有效应对和妥善处置突发公共事件。其目的是最大限度激发社会活力、增加和谐因素、减少不和谐因素。

 ## 5.如何办好人民满意的教育?

十八大报告把教育放在加强社会建设之首,提出要"努力办好人民满意的教育",这充分体现了党中央对教育事业的高度重视和对优先发展教育的坚定决心。报告提出的努力办好人民满意教育的目标任务,是科学发展观以人为本核心思想的重要体现,是实现好维护好发展好最广大人民根本利益、实现发展成果由人民共享、促进人的全面发展的重要体现,为未来我国教育事业的改革发展指明了方向。

报告在全面建成小康社会和全面深化改革开放的总目标中,提出我国教育发展的目标是"全民受教育程度和创新人才培养水平明显提高,进入人才强国和人力资源强国行列,教育现代化基本实现",具体提出了以下几项任务。

(1)"要坚持教育优先发展"。这进一步明确强调了教育在国家战略中优先发展的地位。

(2)坚持党的教育方针。要"全面贯彻党的教育方针,坚持教育为社会主义现代化建设服务、为人民服务,把立德树人作为教育的根本任务,培养德智体美全面发展的社会主义建设者和接班人"。

(3)坚持改革创新。"全面实施素质教育,深化教育领域综合

改革,着力提高教育质量,培养学生社会责任感、创新精神、实践能力",使他们德才兼备、全面发展。

(4)坚持协调发展。要"办好学前教育,均衡发展九年义务教育,基本普及高中阶段教育,加快发展现代职业教育,推动高等教育内涵式发展,积极发展继续教育,完善终身教育体系,建设学习型社会"。

(5)"大力促进教育公平"。报告为进一步促进教育公平指明了方向,明确了思路和工作重点,主要包括四方面内容:一是"合理配置教育资源,重点向农村、边远、贫困、民族地区倾斜";二是加强薄弱环节,"支持特殊教育";三是扶持困难群体,"提高家庭经济困难学生资助水平,积极推动农民工子女平等接受教育";四是大力发展民办教育,"鼓励引导社会力量兴办教育",为学生提供更多的选择。

(6)"加强教师队伍建设",要努力"提高师德水平和业务能力,增强教师教书育人的荣誉感和责任感"。

 6. 如何实现更高质量的就业?

十八大报告明确提出,要"推动实现更高质量的就业",并将"就业更加充分"作为全面建成小康社会的重要目标,进一步明确了促进就业的方针政策和重大举措。

"推动实现更高质量的就业"反映了加快转变经济发展方式对就业工作提出的新要求,顺应了人民过上更好生活的新期待,对于推动经济发展、保障和改善民生、构建社会主义和谐社会具有十分重要的意义。"更高质量的就业"的内涵主要是指充分的就业机会、公平的就业环境、良好的就业能力、合理的就业结构、和谐的劳动关系等等。

（1）充实、完善就业方针。新的就业方针明确了劳动者、市场、政府在促进就业中应发挥的作用。自主就业体现了劳动者在就业中的主体地位和自主选择就业的权利；市场机制在人力资源配置中发挥基础性作用，是调节就业的基础平台；政府则通过制定就业扶持政策、提供公共就业服务，发挥促进就业的作用；促进创业带动就业，需要采取鼓励创业的财税金融等扶持政策，加强创业培训和服务。

（2）报告明确提出"实施就业优先战略和更加积极的就业政策"，就是要把促进就业作为经济社会发展的优先目标，放在经济社会发展的优先位置，更加注重选择有利于扩大就业的经济社会发展战略，强化政府促进就业的责任。落实更加积极的就业政策，就是要根据就业形势和就业工作重点的变化，及时充实和完善各项就业政策，加强就业政策与产业、贸易、财政、税收、金融等政策措施的协调，加大公共财政对促进就业的资金投入，完善财税金融扶持政策，着力扶持发展吸纳就业能力强的现代服务业、战略性新兴产业、劳动密集型企业和小型微型企业。

（3）加强对重点群体就业的扶持。报告提出，要"做好以高校毕业生为重点的青年就业工作和农村转移劳动力、城镇困难人员、退役军人就业工作"。这是今后一个时期就业工作的重点任务。

（4）为进一步提高就业质量，必须切实"加强职业技能培训"，注重"提升劳动者就业创业能力"，使之不断适应新的职业变化，"增强就业稳定性"。要进一步健全面向全体劳动者的职业培训制度，切实落实职业培训补贴制度，充分发挥企业在技能培训中的主体作用，开展多种形式的职业培训，增强培训的针对性和有效性。

（5）"健全人力资源市场,完善就业服务体系,增强失业保险对促进就业的作用"。要发挥市场机制在配置人力资源中的基础性作用,加快统一规范灵活的人力资源市场建设,完善城乡劳动者平等就业制度,健全人力资源市场监管体系,发展人力资源服务业。要健全完善覆盖城乡的公共就业服务体系,加快以基层公共服务平台为重点的公共就业服务机构建设,建立全国就业信息网络。进一步完善失业保险预防失业、促进就业的政策体系,通过实行失业保险基金支付岗位补贴、社会保险补贴、培训补贴和就业补贴等政策,鼓励企业稳定就业岗位、吸纳失业人员就业,构建稳定就业的长效机制,切实增强失业保险对促进就业的作用。

（6）"健全劳动标准体系和劳动关系协调机制,加强劳动保障监察和争议调解仲裁,构建和谐劳动关系。"在推进企业改革改制和发展多种所有制经济过程中,不仅要落实好现行的各项劳动标准,还要加快制定新的劳动标准,进一步健全有利于维护劳动者权益的劳动标准体系。深化劳动关系改革,创新劳动关系体制机制,形成反应灵敏、运转有序的劳动关系协调机制,是有效预防、化解、处置劳动关系矛盾的关键。

当前和今后一个时期,我国仍处于劳动关系矛盾的多发期和各种利益关系的调整期,因此,通过上述具体要求构建和谐劳动关系,是实施就业优先战略的重要内容,也是促进劳动者体面就业、幸福劳动的基本条件。

 7. 如何千方百计增加居民收入?

十八大报告鲜明提出了要"千方百计增加居民收入","收入分配差距缩小,中等收入群体持续扩大,扶贫对象大幅减少"的目标。报告指出,"实现发展成果由人民共享,必须深化收入分配制度改革",这是解决好人民最关心最直接最现实的利益问题、提高人民物质文化生活水平的一个基础性环节。

根据报告关于"初次分配和再分配都要兼顾效率和公平,再分配更加注重公平"的要求,深化收入分配制度改革既应有利于调动经济活动参与者积极性、提高经济效率,也应相对公平地保证所有社会成员最基本的生活需要,通过"完善劳动、资本、技术、管理等要素按贡献参与分配的初次分配机制,加快健全以税收、社会保障、转移支付为主要手段的再分配调节机制",特别是在再分配环节上实行更加注重公平的政策举措,以形成缩小收入分配差距的长效机制,确保低收入者收入水平稳步提高。

财产性收入是衡量国民富裕程度的重要指标。报告提出"多渠道增加居民财产性收入",对切实保障和改善民生、持续扩大中等收入群体来说,具有十分重要的现实意义。居民财产性收入,一般可分为家庭拥有的动产(如银行存款、有价证券等)和不动产(如房屋、车辆、收藏品等)所获得收入。今后,城镇居民多渠道增收空间将主要体现在两个方面:一是金融产品投资;二是实业投资及租赁服务。此外,农民还可利用土地等资源获得家庭经营收入。为此,要更加重视规范市场秩序和完善相关制度建设,以维护居民多渠道增加财产性收入的现实可能性。

 8. 如何统筹推进城乡社会保障体系建设?

十八大报告明确提出,要"统筹推进城乡社会保障体系建设",

把"社会保障全民覆盖"作为全面建成小康社会的重要目标,明确了推进社会保障制度改革和事业发展的基本方针和重大举措。

(1)报告强调"要坚持全覆盖、保基本、多层次、可持续方针,以增强公平性、适应流动性、保证可持续性为重点,全面建成覆盖城乡居民的社会保障体系。"更好地体现制度的公平性,更好地适应人员合理有序流动的新形势,更加注重制度的长期稳定可持续运行,是推进社会保障制度改革需要重点解决的问题。

(2)"改革完善企业和机关事业单位社会保险制度",在推进事业单位分类改革的基础上,同步推进机关事业单位社会保险制度改革,实现企业与机关事业单位各项社会保险制度的有效衔接,实现新老制度的合理衔接和平稳过渡;建立统筹城乡居民的基本养老保险和基本医疗保险制度,实现城乡居民在基本养老保险和基本医疗保险制度上的平等和管理资源上的共享;"逐步做实养老保险个人账户",更好地体现我国养老保险社会统筹和部分积累相结合的制度要求;"实现基础养老金全国统筹",更好地发挥社会统筹的调节作用,更好地保障退休人员和老年居民的基本生活;合理确定社会保障待遇水平,实现社会保障待遇的正常调整,处理好各类人员的社会保障待遇关系,使保障水平持续、有序、合理地提高。

(3)"扩大社会保障基金筹资渠道,建立社会保险基金投资运营制度,确保基金安全和保值增值。"我们必须抓住经济平稳较快发展的有利时机,扩大和开辟新的社会保障资金筹集渠道,以有效应对我国人口老龄化问题,实现社会保障基金的长期平衡,切实加强基金监管,加快建立社会保险基金投资运营制度,适当拓宽基本养老保险基金投资渠道和运营方式,努力实现保值增值。

(4)更好地保障低收入者和特殊困难人员的基本生活。"建立市场配置和政府保障相结合的住房制度,加强保障性住房建设和管理,满足困难家庭基本需求"。按照报告提出的"住房保障体系基本形成"的要求,住房保障制度建设的基本方向是:加快建立市场配置和政府保障相结合的住房制度,完善符合国情的住房体制机制和政策体系,立足保障基本需求、引导合理消费,加快构建以政府为主提供基本保障、以市场为主满足多层次需求的住房供应体系,逐步形成总量基本平衡、结构基本合理、房价与消费能力基本适应的住房供需格局,向着实现广大群众住有所居的目标迈进。

（5）"坚持男女平等基本国策,保障妇女儿童合法权益。"这是男女平等基本国策首次写入党代会报告,标志着我党作为执政党对于男女平等作为基本国策的确认、继承和发扬,是公共政策层级的提升,对于推进男女平等具有重要意义。社会文明的一个重要标志就是对妇女儿童权益的保障水平。报告明确提出的有关维护妇女儿童合法权益的方针、目标要贯彻落实下去,很重要的一点就是要把这一方针转变成具体、可操作的制度,把党的方针政策落实到实践层面。

（6）"积极应对人口老龄化,大力发展老龄服务事业和产业。"作为十八大报告的新提法,这是党中央针对日益严峻的人口老龄化形势做出的重大战略部署。做好老龄工作、发展老年事业,让老年人享有健康幸福、丰富多彩的晚年生活,不仅是弘扬传统美德的重要体现、社会文明进步的重要标志,也是促进和谐稳定的重要举措。

实现"老有所养",需要政府、市场和社会的共同努力,在有效加大城乡基本公共服务供给的基础上,充分发挥政府主导作用,努力调动社会力量的积极性,大力发展老龄服务事业和产业。

同时,还要大力发展养老服务产业,发展老龄产业,不仅可以改善老年人的生活质量,还可以扩大消费和市场,促进经济社会协调发展。

（7）"健全残疾人社会保障和服务体系，切实保障残疾人权益。"要努力做好残疾人康复、教育、就业、住房、出行、扶贫、维权、无障碍设施建设以及文艺和体育工作，不断提高残疾人的物质和精神文化生活，让残疾人共享小康社会建设成果，更好地推进残疾人服务保障项目的落实。

（8）要根据统筹城乡社会保障制度改革进展情况和统筹层次的逐步提高，及时调整和理顺社会保障行政管理体制，健全社会保障经办管理服务体制，着力整合社会保障管理资源，切实提高管理服务效率。同时，要更好满足广大保障对象的服务需求，建立更加便民快捷的社会保障服务体系，加强社会保障规范化、信息化、专业化建设。

9. 如何提高人民健康水平？

十八大报告提出了"提高人民健康水平"的具体要求，并以"人人享有基本医疗卫生服务"作为全面建成小康社会的新要求之一，明确了医药卫生事业改革发展的重点和目标，充分体现了保障人民健康权益、在病有所医上持续取得新进展的重要政策导向。

（1）无论是深化改革，还是推动发展，都要始终坚持为人民健康服务的方向。随着我国经济社会发展，慢性病发病人数快速增长，直接影响群众小康生活的实现，这就需要坚持预防为主，更加重视疾病防治；我国仍有近一半人口居住在农村，城镇常住人口中也有不少农民工和农村户籍居民，这就需要坚持以农村为重点，加强公共卫生、农村卫生、基层医疗卫生事业；此外，中医药具有"治未病"和"简、便、验、廉"的特色与优势，在群众疾病治疗中发挥着重要作用,这就需要坚持中西医并重,更好地维护群众健康。

公共卫生和基本医疗服务是满足群众基本医疗卫生需求的核心,我们要立足基本国情,坚持把加强公共卫生和基本医疗服务体系建设作为政府的基本职责,将医疗保障、医疗服务、公共卫生、药品供应、监管体制等体系建设有机结合起来,增强医药卫生体制综合改革的协调性,统筹兼顾、循序渐进地推进制度建设,完善国民健康政策,努力让人人都能享有安全有效方便价廉且可及的公共卫生和基本医疗服务。

(2)要在构建以基本医疗保障为主体、医疗保险和商业健康保险等为补充、覆盖城乡居民的多层次医疗保障体系的过程中,重点完善城镇职工基本医疗保险、城镇居民基本医疗保险、新型农村合作医疗和城乡医疗救助四项制度,从实际出发逐步提高保障标准,特别要建立重特大疾病保障和救助机制,还要做好各项制度的相互衔接,整合医保经办资源,为安全有效方便价廉的基本医疗服务惠及城乡全体居民创设有利条件。要完善突发公共卫生事件应急机制,健全国家、省、地三级突发公共卫生事件信息决策指挥系统,确保卫生应急组织、决策评估、信息报告、监测预警等工作机制正常有效运行。要健全重大疾病的预防控制体系,巩固以国家、省、地市、县四级疾病防控机构为主体,城乡其他医疗卫生机构和服务组织共同构建的疾病防控工作体系,有效控制严重威胁人民健康的传染病和地方病。

(3)加强城乡医疗卫生服务体系建设,"健全农村三级医疗卫生服务网络和城市社区卫生服务体系,深化公立医院改革,鼓励社会办医"。不断健全以县医院为龙头、乡镇卫生院和村卫生室为基础的农村三级医疗卫生服务网络,显著改变部分农村缺医少药状况。同时继续完善以社区卫生服务中心(站)为主体、基层医疗机构

为补充的城市社区卫生服务体系。

"深化公立医院改革，鼓励社会办医"是深化医药卫生体制综合改革进入攻坚阶段的重点内容，是进一步推动医疗卫生事业科学发展的重要举措。深化公立医院改革，重点是建立维护公益性、调动积极性、保障可持续的公立医院运行新机制；鼓励社会办医，重点是吸引社会资本多种形式提供医疗服务，扩大健康服务选择范围。将非基本医疗卫生服务更多交给社会和市场，有利于政府集中力量履行保障人人享有基本医疗卫生服务的重大责任。改革的目的，就是要通过形成公立医院和非公立医院分工协作、多元发展的办医格局，为提高人民健康水平提供更好的制度保证。

(4) 要以基本药物制度为基础，健全药品供应保障体系，进一步推动政府举办的基层医疗卫生机构，全面实施国家基本药物制度，逐步破除"以药补医"机制，推广适宜医药技术，鼓励生产和使用安全低价有效的药品，重视扶持中医药和民族医药事业的发展，规范药品生产流通，降低药品虚高价格，保证群众基本用药。还要扶持中医药和民族医药事业发展，完善中医医疗和民族医疗卫生服务体系。同时要加强医药卫生人才队伍建设和医学科技发展，推进医药卫生信息化建设，调动医务人员积极性，提高医疗服务质量和效率。

(5) "改革和完善食品药品安全监管体制机制。"要理顺政府行政管理体制，坚持地方政府负总责、监管部门各负其责、企业是第一责任人，建立健全能够全面落实药品安全责任和食品安全责任的体制机制，强化药品研制、生产、流通和使用全过程质量监管，强化食品安全风险网络、食品安全标准制度和法规制度建设，严厉打击制售假冒伪劣药品和不安全食品的违法违规行为。

(6) 要更加广泛地动员群众，提高群众卫生文明意识，养成健康生活方式,维持卫生秩序,推进综合整治,改善城乡人居环境。要开展爱国卫生运动,重视妇幼卫生事业,加强健康教育,倡导健康文明的生活方式,提高公民健康素养和自我保健能力,促进人民身心健康。

人口发展和经济社会发展密切相关,必须走中国特色统筹解决人口问题的道路,在稳定适度低生育水平的基础上,更加重视提高人口素质,优化人口结构,促进人口合理分布。要做好优生优育工作,综合治理出生人口性别比偏高问题,提高人口出生素质。坚持计划生育的基本国策,逐步完善政策,促进人口长期均衡发展。

10. 如何加强和创新社会管理?

十八大报告对新时期我国社会建设提出了"加强和创新社会管理"的具体要求,这是继续抓住和用好我国发展重要战略机遇期、推进党和国家事业的必然要求,是构建社会主义和谐社会的必然要求,是维护最广大人民群众根本利益的必然要求,是提高党的执政能力和巩固党的执政地位的必然要求,对实现全面建成小康社会宏伟目标、实现党和国家长治久安具有重大战略意义。

加强和创新社会管理,其根本目的是维护社会秩序、促进社会和谐、保障人民安居乐业,为党和国家事业发展营造良好社会环境。社会管理的基本任务包括协调社会关系、规范社会行为、解决社会问题、化解社会矛盾、促进社会公正、应对社会风险、保持社会稳定等方面。做好社会管理工作,促进社会和谐,是全面建成小康社会、坚持和发展中国特色社会主义的基本条件。

(1)加强和创新社会管理,要高举中国特色社会主义伟大旗帜,以邓小平理论和"三个代表"重要思想为指导,深入贯彻落实科学发展观,紧紧围绕全面建成小康社会的总目标,牢牢把握最大限度激发社会活力、最大限度增加和谐因素、最大限度减少不和谐因素的总要求,以解决影响社会和谐稳定突出问题为突破口,"提高社会管理科学化水平",加快形成党委领导、政府负责、社会协同、公众参与、法制保障的社会管理体制,"加强社会管理法律、体制机制、能力、人才队伍和信息化建设",维护人民群众权益,促进社会公平正义,保持社会良好秩序,确保社会既充满活力又和谐稳定。

(2)强化政府公共服务职能,充分挖掘公共资源潜能,集中力量组织和提供基本民生服务、公共事业服务、公共安全服务和公益基础服务,满足群众基本需求;同时,政府不能直接包揽公共服务供给,要实现政府与市场"两条腿"走路,充分调动社会资源的积极性,动员社会组织提供公共服务,并通过政府购买服务等方式激发社会活力,构建多层次、多样化的公共服务供给体系。"加强基层社会管理和服务体系建设",要把人力、财力、物力更多投到基层,努力夯实基层组织、壮大基层力量、整合基层资源、强化基础工作,"增强城乡社区服务功能",健全新型社区管理和服务体制。"强化企事业单位、人民团体在社会管理和服务中的职责,引导社会组织健康有序发展",加强自身建设、增强服务社会能力,"充分发挥群众参与社会管理的基础作用"。

(3)"完善和创新流动人口和特殊人群管理服务。"建立覆盖全国人口的国家人口基础信息库,建立健全实有人口动态管理机制,完善特殊人群管理和服务政策。

(4)"正确处理人民内部矛盾,建立健全党和政府主导的维护群众权益机制,完善信访制度,完善人民调解、行政调解、司法调解联动的工作体系,畅通和规范群众诉求表达、利益协调、权益保障渠道。"形成科学有效的利益协调机制、诉求表达机制、矛盾调处机制、权益保障机制,统筹协调各方面利益关系,加强社会矛盾源头治理,妥善处理人民内部矛盾,坚决纠正损害群众利益的不正之风,切实维护群众合法权益。

(5)"建立健全重大决策社会稳定风险评估机制"。重大决策,就是直接关系人民群众切身利益且涉及面广、容易影响社会稳定的决策事项;社会稳定风险评估,就是在决策实施前要进行合法性、合理性、可行性和可控性的评估。建立健全重大决策社会稳定风险评估机制是一项从源头上防范和化解不稳定因素的重要制度,是一项对维护社会稳定、促进社会和谐有重大作用的制度,对于促进科学决策、民主决策、依法决策,预防和化解社会矛盾意义重大。

(6)"强化公共安全体系和企业安全生产基础建设,遏制重特大安全事故",这对于推动全党全社会进一步凝聚安全发展共识,形成安全发展合力,从根本上提高安全生产水平,提出了更高要求。当前安全生产要重点抓好三件事,安全生产制度的建设、安全生产技术的创新和安全生产培训。党的十八大报告提出要全面建成小康社会,包含对人民群众的物质文化生活水平提高的要求,更包含对生命安全的要求,建成小康社会首先要保障人的生命安全,实现我国安全生产状况的根本好转,必须致力于强化公共安全体系和企业安全生产基础建设,提高全民的安全文化素质。

(7)"加强和改进党对政法工作的领导,加强政法队伍建设,切实肩负起中国特色社会主义事业建设者、捍卫者的职责使命。"这是党对政法队伍的要求和寄予的希望,也是政法部门在新形势新任务下的客观需要。政法部门要坚持以班子建设为核心,以思想政治建设为根本,以专业化建设为方向,以纪律作风建设为着力点,以廉政建设为保障,抓学习、抓教育、抓管理、抓监督,努力提高队伍政治素质、业务素质、职业道德素质以及拒腐防变能力、执法办案能力,牢固树立"忠诚、为民、公正、廉洁"的核心价值观,造就一支政治坚定、业务精通、作风过硬、执法公正的检察队伍,切实肩负起中国特色社会主义事业的建设者、捍卫者的职责使命,让党放心、让人民满意。

(8)"深化平安建设",要加强网格化信息化建设,强化城乡防控体系,实现人防、技防、物防的科学结合,提高对动态环境下社会治安的防控能力和水平,以"完善立体化社会治安防控体系,强化司法基本保障,依法防范和惩治违法犯罪活动,保障人民生命财产安全"。同时,还要"完善国家安全战略和工作机制,高度警惕和坚决防范敌对势力的分裂、渗透、颠覆活动,确保国家安全"。

生态文明篇

生态文明指人类遵循人、自然、社会和谐发展这一客观规律而取得的物质与精神成果的总和，是人与自然、人与人、人与社会和谐共生、良性循环、全面发展、持续繁荣为基本宗旨的一种文化伦理形态。生态文明意味着人类社会形态的根本转变。

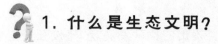

1. 什么是生态文明？

文明是人类文化发展的成果，是人类改造世界的物质和精神成果的总和，是人类社会进步的标志。

人类文明经历了三个阶段。第一个阶段是原始文明，主要指旧石器时代和新石器时代，时间跨数十万年。第二个阶段是农业文明，以铁器的使用为主要标志，时间跨越数千年。第三个阶段是工业文明，至今才数百年。

工业文明以人类征服自然为主要特征，世界工业化的发展使征服自然的文明达到极致，一系列全球性生态危机的发生说明地球已经没有足够的能力支撑工业文明的继续发展，需要开创一个新的文明形态来延续人类的生存和发展，这就是生态文明。

生态文明指人类遵循人、自然、社会和谐发展这一客观规律而取得的物质与精神成果的总和，是人与自然、人与人、人与社会和谐共生、良性循环、全面发展、持续繁荣为基本宗旨的一种文化伦理形态。

生态文明意味着人类社会形态的根本转变。首先，生态文明意味着伦理价值观的转变，生态文明认为，人和自然都是主体，都有价值，都有主动性，包括人在内的一切生命都要依靠自然，人类必须尊重一切生命，尊重自然界，因此生态文明就是一个人性与生态性全面统一的新型社会形态；其次，生态文明意味着生产和生活方式的转变，生态文明认为，人的生活方式应以实用节约为原则，以适度消费为特征，追求基本生活需要的满足，崇尚精神和文化的享受，从而致力于构造一个以环境资源承载力为基础、以自然规则为准则、以可持续社会经济文化政策为手段的环境友好型社会。

中国共产党提出的科学发展观、建设社会主义和谐社会和环境友好型社会等一系列政治新理念必将与当下的生态社会主义、世界可持续发展理念以及中国传统文化相互借鉴、相互融合,形成中国特色的社会主义生态文明,必将促成中华民族的伟大复兴,必将促成全世界可持续发展的新潮流,必将促成社会主义真正取代资本主义,必将促成人的全面发展的人类社会的全面和谐。

2. 中国为什么要建设生态文明?

过度的资源和能源消耗以及不可逆转的环境破坏已经成为世界关注的焦点问题。18 世纪中叶开始的工业革命后,由于生产力的大幅度提高和资本主义生产关系的建立,人类利用和改造环境的能力大大提高,生态平衡因此遭到破坏,人为的环境问题才真正开始出现。目前环境问题已经扩展到全球,事故范围广、危害严重、经济损失大是环境问题的基本特征。中国是发展中大国,随着城市化迅速发展和工业化进入中期,资源消耗和环境压力迅速增大,能源问题尤其突出。资料显示,美国以世界 6％的人口消耗了世界 30％的能源,中国人口是美国的 4 倍,按照现有发展模式,中国的经济和社会发展显然是地球不能承受之重。

生态文明是世界最新潮流,生态危机首先在发达国家爆发,生态文明建设理应首先在发达国家兴起。然而三方面的原因使西方失去了建设生态文明的机会,使发展中国家首先肩负起建设生态文明的历史重任：一是西方强大的资金和技术力量缓解了本国的生态危机；二是西方高度发达的工业文明大大抬高了文明转换的成本；三是西方国家借助于产业转移将大量生态成本也转移到发展中国家。中国作为发展中国家的大国，率先发展生态文明责无旁贷。

中国发展生态文明，既是中华文明复兴的需要，也是社会主义建设的需要。中华民族是工业文明的迟到者，决不能再成为生态文明的迟到者。中华文明的基本精神与生态文明的内在要求是一致的，中华文明从政治社会制度到文化哲学艺术，无不闪烁着生态智慧的光芒。其实，生态伦理思想本来就是中国传统文化的主要内涵之一。

例如中国儒家主张"天人合一"，其本质就是"主客合一"，肯定人与自然界的统一；中国道家提出"道法自然"，就是强调人要以尊重自然规律为最高准则，以崇尚自然效法天地作为人生行为的基本皈依；中国佛家更认为众生平等，万物皆有生存的权利，并将"勿杀生"奉为"五戒之首"。

生态文明建设也是社会主义建设的重要内容。社会主义是对资本主义的超越，本身就包含着对工业文明的反思。恩格斯说："人们会重新感觉到，而且也认识到自身和自然界的一致，而那种把精神和物质、人类和自然、灵魂和肉体对立起来的荒谬的、反自然的观点，也就愈不可能存在了。但是要实行这种调节，单是依靠认识是不够的，这还需要对我们现有的生产方式，以及和这种生产方式连在一起的我们今天的整个社会制度实行完全的改革。"共产主义社会恰恰是实现了人与自然之间、人与人之间"两大和解"的生态文明社会。

马克思说："共产主义，作为完成了的自然主义，等于人道主义；

而作为完成了的人道主义,等于自然主义。它是人和自然界之间、人和人之间的矛盾的真正解决,是存在和本质、对象化和自我确证、自由和必然、个体和类之间的斗争的真正解决。"

 **3. 中国生态文明建设思想的形成过程是什么?**

中国共产党的生态文明建设思想主要是建国以后逐步发展起来的,大致经历了四个时期。

(1)毛泽东时期的环境保护思想

建国初期的数次大规模洪涝灾害,在给国家和人民财产造成重大损失的同时,也让第一代领导人充分认识到治理水患、加强水利建设的重要性。不仅黄河、淮河水患得到治理,还修建了官厅水库、荆江分洪、引黄济卫、三门峡水库、葛洲坝水利枢纽等大型水利工程。毛泽东时期的环境保护工作主要体现在:第一,植树造林;第二,水土保持;第三,治理环境污染,特别是"大连湾黑潮"事件、"北京淡水鱼异味"事件之后;第四,重视环境问题。1973年,我国第一个环境保护文件《关于保护和改善环境的若干规定》出台;1974年,我国正式成立环境保护领导小组,并先后下发了《环境保护规划要点》、《关于环境保护的10年规划意见》和《关于编制环境保护长远规划的通知》等文件。

(2)邓小平时期的环境保护思想

邓小平时期既有创造性的环境保护实践,也有开创性的环境保护思想:第一,环境保护法制化、制度化。1979年,《中华人民共和国环境保护法(试行)》正式出台,1983年,环境保护正式确定为我国的一项基本国策;第二,确立人与自然协调发展的思想。邓小平始终将人口问题作为一个战略问题放在国民经济和社会发展的全局中来考察;第三,提出"全民参与、义务植树、绿化祖国"的思想。1981年12月,全国人大《关于开展全民义务植树运动的决议》使植树造林、绿化祖国成为全民性、公益性和法定性的义务要求。

（3）江泽民时期的生态建设思想

江泽民时期生态概念的使用明显增加,主要有：第一,可持续发展的战略思想。指出可持续发展就是实现经济、社会和人口、资源、环境的协调发展,既要考虑到当前利益,又要为子孙后代着想,中国要走的道路就是可持续发展能力不断增强、生态环境得到改善、资源利用效率显著提高、促进人与自然和谐的道路;第二,人和自然协调与和谐的思想。促进人与自然的协调与和谐,使人们在优美的生态环境中工作和生活,要正确认识人与自然的关系,正确把握自然规律,自觉按照客观规律办事,科学利用、改造和保护自然;第三,建立和完善公众参与的思想。环境保护不能单纯依靠政府,还必须调动一切可以调动的力量,动员公众参与,使环境保护工作形成社会合力。

（4）胡锦涛时期的生态文明思想

党的十七大首次提出"生态文明"概念,标志着社会主义生态文明时代的来临：第一,以生态建设为主的林业发展思想,2003年《关于加强林业发展的决定》提出了21世纪我国生态建设、生态安全、生态文明的总体战略构想;第二,以科学发展观为指导,正确处理生态文明建设和经济社会建设关系的思想;第三,人与自然和谐发展的思想,强调实现人与自然的和谐发展就是实现生产发展、生活富裕、生态良好高度统一的社会文明状态。

❓ 4. 如何理解生态文明建设也是一种经济发展方式？

中国特色社会主义文明从工业文明走向生态文明的创新转型能否取得最终成功，将取决于能否成功实现工业文明的经济发展方式向生态文明经济发展方式的创新转变。中国必须也应当遵循社会主义生态文明的本质属性和原则要求，重塑中国的经济发展方式：

第一，按照社会主义生态文明建设的新要求，赋予经济发展方式的生态内涵与绿色导向，加快中国经济绿色转型步伐。如果说农业文明是黄色文明，工业文明是黑色文明，生态文明就是绿色文明。中国应全力推进国民经济的生态变革与绿色、低碳转型，实现绿色崛起与绿色、低碳发展。

第二，按照社会主义生态文明建设的新要求，努力实现转变经济发展方式的三大战略目标。一是实现人与自然的和解，达到人与自然之间的自然生态协调和谐发展；二是实现人与人的和解，达到人与人之间经济生态协调和谐发展；三是实现人与社会的和解，达到人与社会之间社会生态协调和谐发展，从而最终创造一个生态和谐、经济和谐、社会和谐相统一的和谐生态经济社会，这是建设生态文明和转变经济发展方式的真谛。

第三，加快转变经济发展方式，必须构建经济运行与发展的崭新目标模式，形成社会主义生态文明的创新经济形式。传统经济发展方式是要素推动、外生、黑色增长方式，加快转变经济发展方式就是从黑色经济发展方式转向创新驱动、内生、绿色经济发展方式，形成生态文明的绿色创新经济模式，必须大力开展绿色科技创新、绿色体制创新、绿色管理创新和绿色政治创新。

第四，按照社会主义生态文明建设的新要求，必须努力解决好两个战略重点问题。一是尽快扭转自然生态恶化的趋势，努力解决生态环境资源约束的难题；二是尽快扭转社会生态恶化的趋势，努力解决收入差距过大、贫富分化严重的难题。中国应当把缩小贫富差距、降低基尼系数作为经济发展方式生态变革与绿色转型的一项重要标准，使社会生态由不和谐转向和谐。

第五，建设社会主义生态文明，加快经济发展方式的转变，还需要解放思想。中国应该从新自由主义的洋教条中解放出来，尤其应该从资本崇拜、金钱崇拜、GDP崇拜和市场崇拜的经济意识形态束缚下解放出来，树立和践行社会主义生态文明的价值观、财富观、发展观、世界观和政绩观。只有这样，才能成功实现经济发展方式转变和中国经济发展的绿色转型，保证中国特色社会主义经济运行与发展朝着绿色创新经济方向发展。

5. 如何理解中国建设生态文明的必要性与紧迫性？

西部崛起是中华民族崛起的重要组成部分，然而在西部大开发的过程中，由于脆弱的生态平衡，使得东部沿海产业向中西部的梯次转移遇到了严重的阻碍，这意味着中国原有的经济发展方式已经不适应中国中西部特别是西部经济发展的需要。中国发展西部，让西部崛起，亟需创新经济发展方式，建设生态文明。

我国西部地区地处亚欧大陆内陆腹地，远离海洋暖湿气流，具有独特的自然生态环境面貌。西部地区内陆平原、盆地等绿洲生态系统与荒漠、草原、戈壁相隔,缓冲着沙漠化、荒漠化的进程。西南地区地貌和气候类型多样,森林资源复杂丰富,素有动植物王国之称。西部不仅拥有喜马拉雅山、唐古拉山、昆仑山、天山等巨大山系,而且是长江、黄河、澜沧江等大江大河的发源地,是我国重要的生态屏障。

众多考古和地质资料显示,西部地区在历史上曾是气候暖湿、湖泊遍地、植被良好、森林茂密、繁荣富庶的地区,然而在较长的历史时期内,人口的过快增长,对西部地区不间断的军事活动、移民垦殖、过度放牧、过度采樵几乎使西部的自然生态环境走到了崩溃的边缘。而今西部的诸多地区已经变成了极目黄沙、干旱缺水、水土流失和荒漠化等生态环境非常恶劣的地区。生态环境破坏严重阻碍了西部经济社会的持续健康发展。

20 世纪 90 年代,西部地区灾害发生频率比 80 年代增长了7.5％,洪涝灾害发生频率比 80 年代增长了49％,广西、四川、贵州、云南、西藏、陕西、甘肃、青海、宁夏 9 省区因生态破坏造成的直接经济损失相当于同期 GDP 的 13％。针对西部生态环境不断恶化的现实,改善自然生态状况,保护脆弱的生态系统就成为西部大开发的重要战略。

在党中央的重视和大力支持下,西部大开发已经相继启动了退耕还林、退牧还草、天然林保护、京津风沙源治理、三北和长江流域等重点防护林建设工程、野生动植物保护及自然保护区建设工程、水土保持等重点生态工程,同时还配套开展了基本农田建设、生态移民等工作。目前,西部地区荒漠化面积已经出现净减少现象,水土流失得以初步缓解,森林草原面积逐年增加,动植物种群逐渐恢复,但水资源短缺依然严重,环境污染依然严重。生态建设已经成为西部崛起的唯一途径。

6. 如何理解中国建设生态文明与科学发展观的关系？

中国共产党提出的科学发展观，是在多维视角下对社会主义改革开放和现代化建设内涵的当代阐释，是超越后发展国家的发展困境并体现时代特征的新发展观。生态文明建设的新思想，既是科学发展观的拓展和延伸，也是践行科学发展观的目的，科学发展观与生态文明理论在本质上是一致的。

首先，生态文明是科学发展观的重要内容和延伸。生态文明是人类文明的一种形态，它以尊重和维护自然为前提，以人与人、人与自然、人与社会和谐共生为宗旨，以建立可持续的生产方式和消费方式为内涵，以引导人们走上持续、和谐的发展道路为着眼点。生态文明强调人的自觉与自律，可以说生态文明是人类对传统文明特别是工业文明进行深刻反思的成果，是人类文明形态和文明发展理念、道路和模式的重大进步。科学发展的基本内涵则是坚持以人为本，树立全面、协调、可持续的发展观，促进经济社会和人的全面发展，坚持统筹城乡发展，统筹区域发展，统筹经济社会发展，统筹人与自然和谐发展，统筹国内发展与对外开放的要求。由此可见，科学发展观本身就包含了生态文明的思想，生态文明是科学发展观的重要内容。特别是科学发展观是用来指导发展和建设生态文明的一种方法论，而生态文明要求人与自然、人与人、人与社会和谐共生，良性循环，全面发展，持续繁荣，因此生态文明还是科学发展观所要达到的目标，是科学发展观的延伸。

其次，科学发展观体现了生态文明的思想。科学发展观，是立足社会主义初级阶段基本国情,总结我国发展实践,借鉴外国发展经验,适应新的发展要求提出的重大战略思想,其第一要义是发展,核心是以人为本,基本要求是全面协调可持续,根本方法是统筹兼顾。从偏向发展到协调发展,是科学发展观的重要内容,与生态文明所要求的人与自然、人与人、人与社会和谐共生、良性循环、全面发展的主旨恰恰是一致的,体现了生态文明的思想;以人为本是科学发展观的核心内容,促进人的全面自由发展正是与生态文明生态人主张的衔接;全面持续可协调发展既是科学发展观的基本要求,也是生态文明的要求,生态文明作为一种更高级的文明形态,其实现必须以全面持续可协调的科学发展观为指导;统筹兼顾既是科学发展观对人认识层面的要求,也是生态文明整体思想的体现。

第三,生态文明是适应科学发展观要求的新的文明形态。科学发展观的提出,对中国特色社会主义事业总体布局具有统领作用。科学发展观是对当代中国发展的总的看法和基本观点,也是关于当代中国发展的根本理念。科学发展观就是要解决当代中国为什么发展、为谁发展、靠谁发展和怎样发展等一系列根本性的问题。而生态文明是人类社会继原始文明、农业文明、工业文明之后的新型文明形态,它以人与自然协调发展为准则,要求实现经济、社会、自然环境的可持续发展,是我们要努力前进的方向。科学发展观与生态文明二者本质上是一致的,生态文明既是科学发展观为指导努力奋斗的目标,也是适应科学发展观要求的新的文明形态。

 ## 7. 如何优化国土空间开发格局?

国土是生态文明建设的空间载体,必须珍惜每一寸国土。要按照人口资源环境相均衡、经济社会生态效益相统一的原则,控制开发强度,调整空间结构,促进生产空间集约高效、生活空间宜居适度、生态空间山清水秀,给自然留下更多修复空间,给农业留下更多良田,给子孙后代留下天蓝、地绿、水净的美好家园。

中国国土空间开发的新特征主要体现为:(1)国土空间开发力度呈现中西部渐强态势,经济增长空间由东向西拓展,1999年以来我国先后实施了西部大开发、东北振兴、中部崛起等地区发展战略。(2)经济空间聚集化发展,都市圈或城市群成为区域经济发展的主导力量,2009年中国十大城市群以11%的国土贡献了全国63.4%的经济总量。(3)重要开发轴线进一步完善,以点—轴为标志的空间经济组织基本形成,目前中国已经形成"五纵七横"国道主干线和"八横八纵"铁路网。(4)经济空间拓展与国土整治和生态环境修复同时推进,多种开发形态复合叠加。

2010年底,为优化国土空间开发格局,国务院正式颁布实施了《全国主体功能区规划》。目前国土开发规划引导面临的主要问题有:(1)国土开发向战略纵深拓展进展缓慢;(2)区域发展总体战略与主体功能区战略的关系需要进一步理顺;(3)国土空间单元体系尚需进一步明确;(4)主体功能区规划贯彻落实显现诸多问题。因此,今后进一步优化国土空间开发格局的突破口就是:(1)理顺区域发展总体战略与主体功能区战略的关系,对国土空间开发进行总体战略部署;(2)在中西部地区建设国家重要的行业中心城市,在城市群以外地区培育壮大区域性中心城市;(3)理顺国土空间概念体系,建立"中心城市—都市圈—城市群—经济圈"国土空间单元体系;(4)加强对基本农田保护区、战略性资源能源储备区、生态保护区的控制,强化粮食、能源和生态安全保障;(5)完善政策支撑,加强主体功能区规划的贯彻落实。

中国管辖海域辽阔,海洋资源丰富,发展潜力巨大,同时中国又是世界上人口最多的沿海大国,充分利用海洋资源,加快发展海洋经济,对形成新的国民经济增长点,实现全面建设小康社会的战略目标,缓解陆上资源不足的压力,促进中华民族的伟大复兴具有极其重大的意义。中国发展海洋经济的主要战略是:(1)进一步优化调整海洋产业结构;(2)进一步加强海洋经济区域建设;(3)进一步搞好海洋生态环境与资源保护;(4)进一步完善海洋相关法律、法规体系建设;(5)进一步强化海洋综合管理。总之,提高海洋资源开发能力,发展海洋经济,保护海洋生态环境,坚决维护国家海洋权益,建设海洋强国,是中国发展生态文明的必然选择。

8. 如何节约利用生态资源?

生态资源是一个很大的概念,森林、草地、农田等各种类型的生态系统都归入生态资源,生态资源提供各种生态服务,为社会经济发展以及人类生存提供最基本的保障。生态资源主要分布在农村,但城市里面也有。在世界范围内,少数国家攫取世界生态资源实现自身发展的传统发展模式已经无法支撑世界数十亿人口走向传统工业化和城市化的历史进程。中国人口众多,大部分地区自然环境先天脆弱,加上经济快速发展以及发展方式粗放,生态资源退化和环境污染加剧现象非常严重,生态对中国经济社会发展的制约已经非常明显。

中国未来的发展,无论是反映空间组合的区域发展,还是同一区域在不同时期的发展战略,都需要考虑走经济生态化和生态经济化相结合的道路,即在我国经济发展水平较高而生态资源稀缺的区域推进经济生态化,在生态资源丰富而经济发展水平较低的欠发达地区推进生态经济化。经济生态化是增加一个区域的生态成分,提升区域自然价值的一个渐进式发展过程。

经济生态化的核心内容是:(1)区域经济社会会和生态环境配置和谐化;(2)从生产至消费的全过程生态化;(3)生态资产再造和功能激活,从而推动区域经济发展经济生产目标从追求最大经济效益转变到可持续发展,从单纯追求物质生产转变为物质生产和环境建设同时进行,从单纯提供产品转变为同时提供生态服务。生态经济化是开发利用一个区域的生态资源来促进该区域经济社会发展的过程。生态经济化的表现形式有:(1)生态资源资产化;(2)生态资产价值化与资本化;(3)生态服务有偿化与生态投资。

当前,节约利用资源是中国保护生态环境的根本之策。要节约集约利用资源,推动资源利用方式根本转变,加强全过程节约管理,大幅降低能源、水、土地消耗强度,提高利用效率和效益。(1)推动能源生产和消费革命,控制能源消费总量,加强节能降耗,支持节能低碳产业和新能源、可再生能源发展,确保国家能源安全。(2)加强水源地保护和用水总量管理,推进水循环利用,建设节水型社会。(3)严守耕地保护红线,严格土地用途管制。(4)加强矿产资源勘查、保护、合理开发。(5)发展循环经济,促进生产、流通、消费过程的减量化、再利用、资源化。

 ## 9. 如何保护自然生态系统和环境?

良好生态环境是人和社会持续发展的根本基础。中国切实保护自然生态系统和环境,主要内容包括:(1)要实施重大生态修复工程,增强生态产品生产能力,推进荒漠化、石漠化、水土流失综合治理,扩大森林、湖泊、湿地面积,保护生物多样性;(2)加快水利建设,增强城乡防洪抗旱排涝能力;(3)加强防灾减灾体系建设,提高气象、地质、地震灾害防御能力;(4)坚持预防为主、综合治理,以解决损害群众健康突出环境问题为重点,强化水、大气、土壤等污染防治;(5)坚持共同但有区别的责任原则、公平原则、各自能力原则,同国际社会一道积极应对全球气候变化。

生态修复是指重建已经损害或退化的生态系统,恢复生态系统的良性循环和功能的过程。生态修复的主要途径是:(1)综合治理,它是生态修复的根本措施,以小流域为单元的综合治理,将小流域作为自然单元、经济单元和生态单元,坚持山水田林路草统一规划,分类指导,科学实施梁、坡、沟综合防治,坚持以基本农田为基础,以林草建设为重点,大力发展生态型林业、经济型果业和草畜业,从而有效提高土地利用率和土地生产率;(2)节水,西部灌溉水利用系数低、灌溉定额普遍偏高、自然降水利用率低、农业用水效率不高,以农民投资为主、国家补助为辅的小型节水工程有广阔的前景;(3)封山禁牧,舍饲养畜是促进经济社会与生态环境协调发展的关键,封育可以提高植被覆盖率、产草率、增加表层土壤的有机碳含量,对风沙活动也有所控制;(4)退耕还林还草,指在 25 度以上坡地上,有计划有步骤地停止耕种,因地制宜地封山、造林、种草和荒坡禁牧,以改善生态环境;(5)移民,它是生态修复的保障措施。

我国环境污染治理投资逐年增加,主要污染物排放总量得到控制。统计显示,1980 年初,全国环境保护治理投资每年仅仅为 25 亿元—30 亿元,2008 年,已经上升到 4490.3 亿元;环境污染治理投资占 GDP 的比重,从 1980 年初的 0.51% 上升到 2008 年的 1.49%。

初步核算,2008 年与 2005 年比较,化学需氧量与二氧化硫排放量分别下降 6.61％和 8.95％。更为重要的是,中国公民环保意识不断提高,人们对环保问题的认识不断深化,环保关注面不断扩大,环保事业不断向纵深推进。环境信息公开、环保公众参与、规划环评、环保听证、区域限批、绿色国民经济核算、干部环保政绩考核、排污权交易等,逐步进入综合决策。

 ## 10. 如何加强生态文明的制度建设?

保护生态环境必须依靠制度:(1)要把资源消耗、环境损害、生态效益纳入经济社会发展评价体系,建立体现生态文明要求的目标体系、考核办法、奖惩机制;(2)建立国土空间开发保护制度,完善最严格的耕地保护制度、水资源管理制度、环境保护制度;(3)深化资源性产品价格和税费改革,建立反映市场供求和资源稀缺程度、体现生态价值和代际补偿的资源有偿使用制度和生态补偿制度;(4)积极开展节能量、碳排放权、排污权、水权交易试点;(5)加强环境监管,健全生态环境保护责任追究制度和环境损害赔偿制度;(6)加强生态文明宣传教育,增强全民节约意识、环保意识、生态意识,形成合理消费的社会风尚,营造爱护生态环境的良好风气。

本世纪初,西部地区的生态环境建设明显存在制度性约束:(1)财政分灶吃饭制度,西部地区财政普遍窘迫,对生态环境建设的投入有限,为了追求经济利益往往牺牲生态环境效益,生态环境建设的外部经济效应在宏观管理上也得不到体现;(2)行政体制,生态环境建设是一项系统的长期工程,干部任期制与其明显冲突,经济目标而不是生态目标依然是干部考核的首要指标,环保部门不独立使许多环保规定流于形式,部门割据更加大了环境保护的内耗;(3)利益补偿机制,长远看生态环境建设与经济发展是相互促进的,但近期看中东部和西部地区在生态环境建设上的权利和义务并不平等,西部地区主要是奉献,中东部地区主要是受益;(4)投融资体制,生态环境建设是一项公益性的长期投资,需要政府扶持,但地方政府缺乏积极性,中央政府投入有限,使得生态环境建设存在巨大的投融资缺口;(5)法律法规制度,这不仅指缺乏一部全局性的生态环境保护法规,还包括现有的生态法规协调不足、目标不明、责任不清、执法不力等。西部生态环境建设的这些制度性不足一直到现在还没有完全解决。

20世纪90年代以来的退耕还林已经引起我国农业发展理念和农民生产、生活方式的一系列深刻变化,这些变化与现阶段农村的土地制度、农业经营方式和产业结构存在一定的不相容:(1)农地产权缺陷与制度激励不相容,如农地所有权模糊导致所有权主体错位和生态绩效损失、生态公共产品产权残缺、现有的生态产权缺乏切实保障;(2)传统经营方式与现代生态农业发展不相容,如家庭承包制缺乏规模化和现代化元素,存在融资难和抵御风险能力差的缺陷,很难开展专业化分工;(3)农业发展目标及新农村建设的表层化与可持续发展不相容,如粮食安全目标是一个没有反映生态需求的静态指标,难以引导农业可持续发展;(4)农业产业政策与环境经济共生不相容,如政策冲突导致农业绩效中的环境成分根本无法体现,环境污染形势非常严峻。

和平崛起篇

中华民族是爱好和平的民族，中国人民从近代以后遭受战乱和贫穷的惨痛经历中，深感和平之珍贵、发展之迫切、合作之重要，深信只有和平才能实现人民安居乐业，只有发展才能实现国家繁荣富强，只有合作才能实现世界和平稳定。

1. 中国希望建设一个什么样的世界,怎么建设这个世界?

面对新的历史条件,我们究竟应该推动建设一个什么样的世界? 怎样建设这样的世界? 和谐世界理念就是中国共产党和中国人民对这一历史课题做出的明确回答。

十七大报告从政治、经济、文化、安全、环保五个方面深入阐述了建设什么样的和谐世界、怎样建设和谐世界的问题。十八大报告对我们国家建设和谐世界的理念与主张做了进一步阐释,指出:"要和平不要战争,要发展不要贫穷,要合作不要对抗,推动建设持久和平、共同繁荣的和谐世界,是各国人民共同愿望。""我们主张,在国际关系中弘扬平等互信、包容互鉴、合作共赢的精神,共同维护国际公平正义。"在国际形势发生深刻复杂变化、中国与外部世界关系出现重大调整的背景下,坚持不懈推动建设持久和平、共同繁荣的和谐世界,符合人类社会发展规律,符合时代要求,符合中国人民根本利益,符合世界人民共同愿望,具有重大现实意义和深远历史意义。

和谐世界是中国共产党人提出的国际秩序新理念,是内容丰富的思想理论体系,包括在政治上,要相互尊重、平等协商,共同推进国际关系民主化;在经济上,要相互合作、优势互补,共同推动经济全球化朝着均衡、普惠、共赢方向发展;在文化上,要相互借鉴、求同存异,尊重世界多样性,共同促进人类文明繁荣进步;在安全上,要相互信任、加强合作,坚持用和平方式而不是战争手段解决国际争端,共同维护世界和平稳定;在生态环保上,要相互帮助、协力推进,共同呵护人类赖以生存的地球家园。

建设持久和平、共同繁荣的和谐世界,共同维护国际公平正义,必须坚持平等互信。各国应当坚定维护联合国及其宪章的尊严和权威,严格遵循联合国宪章宗旨和原则,恪守国际法和公认的国际关系基本准则,按照和平共处五项原则处理国与国关系,倡导多边主义,坚持国家不分大小、强弱、贫富一律平等,国内事务由本国人民自己决定,国际问题由各国平等协商,相互尊重主权和领土完整,推动国际关系民主化,倡导互信、互利、平等、协商的新安全观,反对霸权主义、单边主义,反对以强凌弱、肆意干涉别国内政、颠覆别国合法政权,反对以牺牲别国安全为代价片面追求自身安全。各国要携手努力,共同维护世界和平稳定。

建设持久和平、共同繁荣的和谐世界,共同维护国际公平正义,必须坚持包容互鉴。色彩斑斓的世界是由千姿百态的多样文明构成的,丰富多彩的文明是由各有千秋的发展道路造就的。文明的多元、道路的多样,既是人类社会发展的重要成果,也是人类文明进步的必然要求。各种文明、各个国家都应以包容的态度对待其他文明和发展方式,以开放的心态求同存异,相互借鉴、取长补短。如此,人类文明就会在比较竞争中不断进步,各国就能在包容互鉴中共同发展。

建设持久和平、共同繁荣的和谐世界,共同维护国际公平正义,必须坚持合作共赢。人类只有一个地球,各国共处一个世界。历史昭示我们,弱肉强食不是人类共存之道,穷兵黩武无法带来美好世界。坚持合作共赢,就是要倡导人类命运共同体意识,在追求本国利益时兼顾他国合理关切,在谋求本国发展中促进各国共同发展,建立更加平等均衡的新型全球发展伙伴关系,同舟共济,权责共担,携手应对发展难题与各类全球性挑战,增进人类共同利益。

总之,努力建设持久和平、共同繁荣的和谐世界,是我们对建设一个什么样世界的鲜明主张,中国人民愿同各国人民一起携手努力,为实现这一美好愿景而不懈努力。

2. 中国在外交领域举什么旗、走什么路、奉行什么战略?

十八大报告明确指出,"中国将继续高举和平、发展、合作、共赢的旗帜,坚定不移致力于维护世界和平、促进共同发展"。报告突出了"共赢"的重要性和必要性,对于新形势下的中国外交工作具有重要而深远的影响。"共赢"是对中国长期外交实践的总结、提炼和升华,具有丰富的思想内涵,适用于国际关系的方方面面。经济上,强调各国的共同利益,实现共同发展和繁荣;政治上,倡导同舟共济、权责共担,增进人类共同利益;安全上,提倡共同安全、集体安全、合作安全,反对绝对安全和单方面安全;文化上,主张尊重文明多样性和发展道路多样化,促进不同文明相互交流,取长补短;生态上,主张在宜居环境建设和生态保护方面积极合作,建设共同美好的绿色家园。

中国将始终不渝走和平发展道路,坚定奉行独立自主的和平外交政策。十八大报告将"坚持和平发展"作为在新的历史条件下夺取中国特色社会主义新胜利必须牢牢把握的八个基本要求之一,强调指出"和平发展是中国特色社会主义的必然选择"。这进一步表明,坚持和平发展是中国政府和中国人民作出的战略抉择,已成为全党全国各族人民的共同信念。中国走和平发展道路已经取得了历史性成就,实践已经充分证明这条路是正确的,是符合中国人民和各国人民共同利益的。今后无论遇到多么大的困难和障碍,中国都将坚定和平发展信念,坚持开放的发展、合作的发展、共赢的发展,通过争取和平国际环境发展自己,又以自身发展维护和促进世界和平。

中国也将以更加积极的姿态参与国际事务,发挥负责任大国作用,共同应对全球性挑战。中国坚决维护国家主权、安全、发展利益,决不屈服于任何外来压力。我们根据事情本身的是非曲直独立自主地决定自己的立场和政策,秉持公道,伸张正义,反对各种形式的霸权主义和强权政治,不干涉别国内政,永远不称霸,永远不搞扩张。中国主张和平解决国际争端和热点问题,通过深化合作促进世界经济强劲、可持续、平衡增长,坚持把中国人民利益同各国人民共同利益结合起来,同舟共济,权责共担,增进人类共同利益,推动建设持久和平、共同繁荣的和谐世界。面对国际形势的深刻复杂变化,中国外交体现出日益宽广的全球视野和大国胸怀。

中国将始终不渝奉行互利共赢的开放战略,通过深化合作促进世界经济强劲、可持续、平衡增长。中国致力于缩小南北差距,支持发展中国家增强自主发展能力。中国将加强同主要经济体宏观经济政策协调,通过协商妥善解决经贸摩擦。中国坚持权利和义务相平衡,积极参与全球经济治理,推动贸易和投资自由化便利化,反对各种形式的保护主义。作为国际社会负责任的国家,中国遵循国际法和公认的国际关系准则,认真履行应尽的国际责任。中国以积极姿态参与国际体系变革和国际规则制定,参与全球性问题治理,支持发展中国家发展。中国将进一步密切经贸往来和互利合作,推进地区经济一体化进程,完善现有区域次区域合作机制,欢迎地区外国家在促进地区和平与发展中发挥建设性作用。中国不谋求地区霸权和势力范围,中国将始终秉承自强不息、开拓进取、开放包容、同舟共济的"亚洲精神",永做亚洲其他国家的好邻居、好朋友、好伙伴。同时积极参与多边事务,支持联合国、二十国集团、上海合作组织、金砖国家等发挥积极作用,推动国际经济、政治秩序和国际体系朝着公正合理的方向发展。

3. 怎样理解中国将始终不渝走和平发展道路?

坚持走和平发展道路,是以胡锦涛同志为总书记的中央领导集体在深刻把握时代特征和中国国情,统筹国内国际两个大局,研究借鉴其他大国发展经验教训的基础上提出的崭新发展道路,既是我国发展战略的重大抉择,也是我国对外战略的重大宣示。中国的和平发展道路是中国现代化建设的必由之路,是中国政府和中国人民的郑重选择和庄严承诺。十八大报告重申:"中国将始终不渝走和平发展道路,坚定奉行独立自主的和平外交政策。"

中国将始终不渝走和平发展道路,是基于中国国情和历史文化传统的必然选择。中华民族是爱好和平的民族,中国人民从近代以后遭受战乱和贫穷的惨痛经历中,深感和平之珍贵、发展之迫切、合作之重要,深信只有和平才能实现人民安居乐业,只有发展才能实现国家繁荣富强,只有合作才能实现世界和平稳定。今天的中国虽然取得了巨大的发展成就,但人口多,底子薄,发展不平衡,仍然是世界上最大的发展中国家。推动经济社会发展,不断改善人民生活始终是中国的中心任务。坚持走和平发展道路,是中国实现国家富强、人民幸福的必由之路。中国人民最需要、最珍爱和平的国际环境,愿尽自己所能,为推动各国共同发展、增进世界和平力量作出积极贡献。

走和平发展道路,必须坚定不移高举和平、发展、合作、共赢的旗帜,恪守维护世界和平、促进共同发展的外交政策宗旨,坚持独立自主的和平外交政策。求和平、促发展、谋合作是世界各国人民的共同心愿,也是不可阻挡的历史潮流,特别是世界多极化和经济全球化趋势的深入发展,给世界和平与发展带来了新的机遇,争取较长时期的和平国际环境是可以实现的。同时,中国也清楚地看到,世界上仍存在诸多不稳定不确定的因素,人类还面临许多严峻挑战,但机遇大于挑战,只要世界各国共同努力,就能够逐步实现建设一个持久和平、共同繁荣的和谐世界的目标。长期以来,中国坚持奉行独立自主的和平外交政策,主张和平解决国际争端和热点问题。作为国际社会的重要成员,中国始终是促进世界和平与发展的重要力量。通过对国际社会的巨大贡献,中国为自身赢得了良好发展环境,得到了巨大发展,同时也壮大了维护世界和平、促进共同发展的正义力量,已经并将继续为人类和平发展的崇高事业作出越来越大的贡献。

走和平发展道路,必须坚决捍卫国家主权、安全、发展利益,决不屈服于任何外来压力。我国外交工作的中心任务,就是为全面建成小康社会、实现社会主义现代化创造有利国际环境和周边环境。和平发展的战略机遇不会凭空而来,必须靠我们的努力去争取和维护。我们不干涉别国内政,也绝不允许别国干涉我国内政;我们不侵占别国领土和主权,也绝不容许别国侵犯我国主权、安全、发展利益,随着我国发展壮大,我国同世界的联系日益紧密,国际国内因素的相互影响日益加深,影响我国主权、安全、发展利益的因素更加复杂多变,维护国家和平发展外部条件的任务日益艰巨繁重。必须更加注重战略策略,在精心维护我国主权、安全、发展利益的前提下,抓住、用好、延长我国发展的战略机遇期,确保和平发展的国际环境。

走和平发展道路,必须坚决反对各种形式的霸权主义和强权政治,永远不称霸,永远不搞扩张。和平发展,就是要打破"国强必霸"的传统逻辑,在中国强大起来的情况下,始终坚持防御性国防政策,不同任何国家搞军备竞赛,不走侵略扩张、争霸世界的老路。中国将坚持把中国人民利益同各国人民共同利益结合起来,以更加积极的姿态参与国际事务,发挥负责任大国建设性作用,反对新干涉主义,反对颠覆别国合法政权,团结国际社会一切可能团结的力量,共同应对全球性挑战,共创人类美好未来。

4. 怎样理解中国将始终不渝奉行互利共赢的开放战略?

十八大报告指出,"中国将始终不渝奉行互利共赢的开放战略,通过深化合作促进世界经济强劲、可持续、平衡增长。中国致力于缩小南北差距,支持发展中国家增强自主发展能力。中国将加强同主要经济体宏观经济政策协调,通过协商妥善解决经贸摩擦。中国坚持权力和义务相互平衡,积极参与全球经济治理,推动贸易和投资自由化便利化,反对各种形式的保护主义"。这段论述深刻阐明了我国互利共赢开放战略的内涵与目标,体现了我国积极发展同各国的务实合作、促进互利共赢的原则精神。

改革开放以来,我国通过逐步打开国门,走出了一条开放发展的路子,从封闭半封闭逐步实现全方位开放,在国内生产总值和进出口总额跃居世界第二位、官方外汇储备跃居世界第一位的同时,对世界经济增长的贡献率越来越大,已经成为顺应经济全球化趋势实现同外部世界良性互动的典范。近年来,我们着力推进二十国集团合作,推动世界银行和国际货币基金组织改革进程,如期建成中国—东盟自由贸易区,坚决反对各种形式的保护主义,都是坚持互利共赢取得的成果。互利共赢的开放战略是在我国30多年发展实践中形成的,既是我国发展实践的经验结晶,更是和平发展理念的充分体现,既造福中国人民,也造福世界人民。

始终不渝奉行互利共赢的开放战略,必须努力创造有利于互利共赢的世界经济环境。在经济全球化深入发展的今天,我国同世界的联系日益紧密,各国之间的相互依存不断加深,世界经济的大气候直接影响着包括我国在内的各国的发展。我们必须深刻认识和妥善把握国际国内因素的相互影响和相互转化,统筹国内国际两个大局,通过参与多边机制和双边渠道,不断加强同主要经济体宏观经济政策协调,妥善处理同其他国家的经贸摩擦,在深化合作中促进世界经济强劲、协调、平衡增长,以自身增长为世界经济增长作出应有的贡献,同时又以强劲增长的世界经济推动我国经济社会持续健康发展。

始终不渝奉行互利共赢的开放战略,必须努力解决制约世界经济发展的南北差距问题。世界经济的根本问题,在于南北发展不平衡。发展中国家的发展问题,是当今世界许多经济、政治、社会、文化乃至种族、宗教等问题的重要根源之一。人类不可能在多数国家陷于停滞贫困的情况下长期维持少数国家高速发展和持续繁荣。从一定意义上说,解决发展中国家尤其是欠发达国家的发展问题就是解决自身的长远发展问题,是世界范围内全面协调可持续发展的应有之义。我国作为发展中国家,将继续积极推动南南合作、南北对话,致力于缩小南北差距,支持发展中国家增强自主发展能力,促进经济全球化朝着普惠共赢的方向发展。

始终不渝奉行互利共赢的开放战略,必须推动建立更加公正合理的国际秩序和国际体系。面对世界多极化和经济全球化深入发展、国际力量对比发生深刻变化的大趋势,现行的全球经济治理已经难以满足各国发展的需要,提高广大发展中国家在全球经济治理中的代表性和发言权的呼声越来越高。在国际金融危机背景下,世界银行和国际货币基金组织份额改革进程启动。我们要抓住这些积极动向,坚持权利和义务相平衡,积极参与多边事务,推动全球经济治理改革,支持联合国、二十国集团、上海合作组织、金砖国家等发挥积极作用,推动国际秩序和国际体系朝着公正合理的方向发展。同时,国际金融危机以来,各种形式的保护主义抬头,我国成为一些国家推行贸易和投资保护主义的最大受害者。今后相当一段时间,在区域和全球范围内积极推动贸易和投资自由化便利化,反对各种形式的保护主义,符合我国发展利益,符合世界经济发展大趋势,应该成为我们奉行互利共赢开放战略的重要内容。

5. 如何理解要准确判断重要战略机遇期内涵和条件的变化?

十八大报告指出,"综观国际国内大势,我国发展仍处于可以大有作为的重要战略机遇期。我们要准确判断重要战略机遇期内涵和条件的变化,全面把握机遇,沉着应对挑战,赢得主动,赢得优势,赢得未来,确保到 2020 年实现全面建成小康社会宏伟目标"。这是我们党坚持解放思想、实事求是、与时俱进,在准确把握世情、国情、党情深刻变化基础上,以战略思维和世界眼光做出的重大判断。

战略机遇期通常是指由国际国内各种因素综合作用形成的,能够为一个国家或地区经济社会发展提供良好条件和契机的,并对其国际地位、历史轨迹等产生长远和深刻影响的特定历史时期。进入21世纪后,世界政治经济格局发生了大变动、大重组,其中孕育着诸多机遇。

十六大以来,全党全国各族人民积极抓住并用好发展机遇、认真应对各种挑战,改革开放和现代化建设取得举世瞩目的伟大成就,经济实力、综合国力、人民生活水平都上了一个大台阶。

如今,国际国内形势已经和正在发生新的深刻变化,我国发展正面临一系列新的风险和挑战,各种矛盾和问题比较多地显现出来。在这种情况下,我国发展的重要战略机遇期是否还存在? 其内涵与条件是否发生了新的变化? 党的十八大报告在全面认识和准确把握国际国内形势基础上对此做出了科学的回答。

一方面,我国发展虽面临前所未有的挑战,但我国发展机遇大于挑战的基本面并没有因为国际国内形势新变化而发生根本变化,我国发展仍处于可以大有作为的重要战略机遇期。从国际环境看,尽管国际金融危机给世界经济造成深度冲击,世界经济增长速度减缓,各种形式的保护主义抬头,气候变化、能源资源安全、公共卫生安全等全球性问题更加突出,国际和地区热点问题此起彼伏,但和平、发展、合作仍是时代潮流,世界多极化和经济全球化深入发展,国际力量对比继续朝着有利于世界和平与发展的方向演化,我国同各大国、周边国家、发展中国家等的关系持续平稳发展,各国加强对华经济技术合作的意愿进一步增强,我国国际影响力和国际地位明显提高,国际环境总体上有利于我国集中精力搞建设、谋发展。从国内发展条件看,尽管我国发展中不平衡、不协调、不可持续问题依然突出,保障和改善民生工作压力较大,社会矛盾凸显,但我国正处于工业化、城镇化加速发展阶段,国内市场潜力巨大,劳动力资源丰富,国民储蓄率较高,科技创新能力不断增强,转变经济发展方式和调整经济结构步伐加快,经济长期向好的发展趋势依然存在,各方面体制机制不断完善,社会政治大局稳定,这些都为保持我国经济社会发展良好势头创造了有利条件、提供了广阔空间。

另一方面,我们要利用好未来十年的战略机遇,需要准确判断重要战略机遇期内涵和条件的变化。

首先,要深刻认识国际形势的新变化、新特点。当前,国际金融危机深度蔓延,欧债危机愈演愈烈,西方国家深陷困境,国际事务由西方主导的时代已经并将继续发生变化,新兴发展中国家必然进一步走上国际舞台,世界进入了错综复杂的新旧时代交替时期。因此,既要看到我国面临的外部环境发生了重大变化,也要看到世界人民要和平、求发展、促合作、谋共赢的强烈愿望没有变;既要看到一些国家对我国的疑虑和担心增加了,也要看到我国在国际舞台上合作和斗争的回旋余地增大了;既要看到我国经济总量已跃居世界前列,也要看到综合国力与发达国家还有很大差距;既要抓住和用好战略机遇期,也要做好应对各种挑战的充分准备。

其次,要综合分析与全面把握我国面临的前所未有的机遇与挑战。综合来看,我国面临的"战略机遇"主要有:一是世界多极化发展趋势不可逆转,制约霸权主义因素在增加,我国能够继续赢得和平发展的战略机遇;二是经济全球化发展趋势不可逆转,国家间"利益共同体"凸显,我国能够继续赢得互利合作的战略机遇;三是世界文明多样性趋势不可逆转,各国思想文化交汇并存,我国能够继续赢得发展中国特色社会主义的战略机遇;四是新的科技革命趋势不可逆转,大国之间科技竞争加剧,我国能够继续赢得加快科技创新的战略机遇;五是国际体系变革趋势不可逆转,新兴国家活跃于世界舞台,我国能够继续赢得参与国际关系重组的战略机遇。同时,我们也要清醒地认识到以下重大挑战：一是不能低估以美国为首的西方国家对我国经济实力上升产生的焦虑心态。二是世界经济复苏乏力使我国面临的外部经济环境更为复杂。三是对周边安全形势和不确定因素必须时刻保持高度警惕。四是办好国内的事情还有一系列难题和挑战需要面对。

第三，在当前国际形势复杂多变、大国竞争日趋激烈的条件下，要求我们审时度势，树立世界眼光，不断提高抓住机遇、应对挑战的能力和水平。一是要进一步提高科学发展的能力和水平，不断增强我国的综合国力、国际竞争力和抵御风险的能力；二是要进一步提高战略思维和统筹国际国内两个大局的本领，不断增强抓住战略机遇的主动性和预见性；三要进一步明确我国长期是发展中国家的定位，继续奉行"韬光养晦、有所作为"的战略方针，始终高举"和平、发展、合作、共赢"的旗帜，永远不当头、不扩张、不称霸、不树敌；四是进一步塑造我国负责任大国的形象，在对外交往中做到合作有诚意、竞争讲规则、结果求共赢，形成和平发展、包容共存、合作共赢的对外关系观、世界发展观和国际责任观，减少对我国的误解误判；五是进一步处理好加强合作与必要斗争的关系，从大局和长远着眼处理国与国的关系，既要寻求利益汇合点，又要妥善处理分歧。要让世界相信：一个繁荣富强的中国，一个民主法治的中国，一个文明进步的中国，一个和谐稳定的中国，必将为世界和平发展和共同繁荣作出更大的贡献。

 6. 如何认识建设"海洋强国"的战略目标？

十八大报告指出："提高海洋资源开发能力，发展海洋经济，保护海洋生态环境,坚决维护国家海洋权益,建设海洋强国。"这是我们党准确把握时代特征和世界潮流,深刻总结世界主要海洋国家和我国海洋事业发展历程,统筹谋划党和国家工作全局而作出的战略抉择,充分体现了党的理论创新和实践创新,具有重大的现实意义和深远的历史意义。海洋强国的战略目标,是党中央在我国全面建成小康社会决定性阶段作出的重大决定,是中国特色社会主义道路的重要组成部分。

海洋占地球表面积逾 70%,蕴藏着远超陆地的自然资源,与人类的生存息息相关,与国家兴衰紧密相连。纵观世界历史,许多国家都曾走过因海而兴、依海而强的道路,葡萄牙、西班牙、荷兰、英国、日本、美国等西方国家的崛起就是如此。进入 21 世纪,海洋在国际政治、经济、军事、外交舞台上的地位更加凸显。

中国是一个拥有 300 多万平方公里海域、1.8 万公里海岸线的大国,中国经济的高速发展和对外贸易的迅速增长,也使得中国经济已成为高度依赖海洋的外向型经济。我国对海洋资源、空间的依赖程度大幅提高,海洋对中华民族的未来发展将是至关重要的。十八大报告提出,建设海洋强国,可谓准确把握了中国未来发展的大趋势。

中国将在维护国家领土主权和海洋权益的前提下,合理开发海洋资源,以海洋作为自然资源开发的后备战略基地,不断加快海洋开发步伐,确立可持续利用、陆海统筹、依法协作、综合管海等原则,发展海洋经济,建设食物资源、能源资源、水资源、金属矿产资源和空间资源等五类战略性资源基地,提高海洋资源开发利用能力,保护海洋生态环境,积极扩大我国生存发展与安全空间。

中国海洋强国建设的最大特点是将通过和平发展的路径,坚持合作共赢的海洋外交方针,积极深化拓展双边与地区海洋领域合作,全面参与国际海洋事务,努力构建"和谐海洋"的国际环境。历史上几乎所有海洋强国都是以武力打败对手成为强国的。英国先后打败西班牙和荷兰海军,击败法国和德国的海上挑战,成为统治世界海洋 200 年的海洋霸权。美国通过美西战争和两次世界大战消除了几乎所有海上竞争对手,取代英国成为世界海洋霸主。中国的国情、国家体制以及和平发展战略决定了我们绝不会走帝国主义列强的老路。中国一贯主张维护海洋和平,2009 年就提出了构建"和谐海洋"的倡议,以中国和谐文化为文化基础,坚持建设"和谐世界"国家战略,遵循和平发展方针政策,以"和谐海洋"为愿景。未来中国将坚持和平走向海洋、平衡发展、不谋求海洋霸权,不但不会对周边国家构成威胁,反而将为中国与其他国家提供进行海上合作、谋求共同发展的机遇,中国走向海洋强国也将成为捍卫亚太地区和世界海洋和平稳定的中坚力量。

 ## 7. 中国奉行什么样的国防政策?

十八大报告指出:"中国奉行防御性的国防政策,加强国防建设的目的是维护国家主权、安全、领土完整,保障国家和平发展。中国军队始终是维护世界和平的坚定力量,将一如既往同各国加强军事合作、增进军事互信,参与地区和国际安全事务,在国际政治和安全领域发挥积极作用。"这段话郑重宣示了中国防御性国防政策的性质,也表明了我国加强国防和军队现代化战略意图的高度透明。

一个国家奉行什么样的国防政策,是由这个国家的总体战略和发展道路决定的,也是与国际环境和时代潮流息息相关的。当今世界,和平与发展仍然是时代主题。中国人民具有热爱和平的悠久历史文化传统,和平发展是中国政府和人民根据时代特征和自身根本利益作出的战略抉择。基于这一战略,中国主张通过协商解决国际争端,反对动辄使用武力或以武力相威胁。这就从根本上确定了中国国防政策的防御性质。中国奉行的防御性国防政策,是由中国的社会主义性质和国家根本利益决定的,是和平发展战略的重要组成部分。我们在战略上坚持防御、自卫、后发制人的原则,从来没有也无意侵占别国一寸领土。尽管中国与一些国家存在着领土主权和海洋权益争端,但中国政府一直采取十分克制的态度,主张通过和平方式加以解决。无论现在还是将来,不论发展到什么程度,中国都不会凭借武力侵略、扩张、欺负别国,永远不称霸。

中国有广阔的领土和辽阔的海洋,陆地边界 2.2 万多公里,大陆海岸线 1.8 万多公里,面临复杂多样的传统安全挑战和非传统安全挑战,受到分裂势力和恐怖主义等威胁。中国武装力量肩负着对外抵抗侵略、保卫祖国,对内维护社会稳定、保卫人民和平劳动的神圣职责。十八大报告指出,要适应国家发展战略和安全战略新要求,着眼全面履行新世纪新阶段军队历史使命,贯彻新时期积极防御军事战略方针,与时俱进加强军事战略指导,高度关注海洋、太空、网络空间安全,积极运筹和平时期军事力量运用,不断拓展和深化军事斗争准备,提高以打赢信息化条件下局部战争能力为核心的完成多样化军事任务能力。推进国防和军队现代化,建设一支与中国国际地位相称、与国家安全和发展利益相适应的强大军队,是中国实现和平发展的必要保障,是中国合理的国家安全需求。

中国国防开支是合理适度的,2012 年中国国防开支占国内生产总值的比重是 1.28%,与美国国防开支占国内生产总值 4%以上相比,无论是总量还是比重上都有很大差距,与世界上绝大多数国家国防开支占国内生产总值的 2%—3%相比也是偏低的。客观地看,中国国防和军队现代化现状与新形势下维护国家主权、安全、领土完整,保障国家和平发展的要求相比还有一定差距。我们将坚持以国家核心安全需求为导向,统筹经济建设和国防建设,按照国防和军队现代化建设"三步走"战略构想,不断实现国防和军队现代化建设新的发展。

长期以来,中国积极开展对外军事交流合作,自觉承担国际安全责任,支持并积极参加联合国维和行动,为维护世界和平作出了积极贡献。按照党的十八大的战略部署,中国军队作为维护世界和平的坚定力量,将一如既往参与国际军事安全合作,承担相应国际军事安全责任,更多展示中国作为负责任大国的形象和中国军队和平文明之师的风貌,为维护世界和平作出更大贡献。

8. 如何全面理解和准确把握"一国"与"两制"的关系?

十八大报告指出,香港、澳门回归以来,走上了同祖国内地优势互补、共同发展的宽广道路,"一国两制"实践取得了举世公认的成功。全面准确贯彻"一国两制"、"港人治港"、"澳人治澳"、高度自治的方针,必须把坚持一国原则和尊重两制差异、维护中央权力和保障特别行政区高度自治权、发挥祖国内地坚强后盾作用和提高港澳自身竞争力有机结合起来,任何时候都不能偏废。

"一国两制"是一个有机整体,"一国"与"两制"辩证统一,而不能相互割裂,更不能相互对立。全面理解和准确把握"一国"与"两制"的关系,需要注意以下三点:

第一,"一国"是"两制"的前提和基础,没有"一国"就没有"两制"。对于香港和澳门来说，"一国"就是以大陆为主体的中华人民共和国，其中央政府驻地在首都北京，香港和澳门都是中华人民共和国主权管辖下的特别行政区。在新的形势下，维护"一国"就是要维护中央政府依据《中华人民共和国宪法》和两个特别行政区基本法所享有的相关权力，维护国家的主权、统一和安全。我们决不允许某些势力利用"两制"来从事危害"一国"的政治企图。对于台湾来说，"一国"就是"九二共识"所指向的"两岸同属一个中国"，而不是某些分裂势力所主张的"两个中国"、"一中一台"或"一边一国"。自"一国两制"提出以来，尤其是香港、澳门相继回归祖国以后，正是因为有"一国"作保障，港澳地区才保持着稳定与繁荣。两岸关系的发展轨迹也表明，只要坚持两岸同属一个中国的原则，两岸关系就能和平发展，否则就会出现紧张和动荡。

第二，在"一国"前提下的"两制"之间是有差异的，要尊重这种差异。大陆作为中华人民共和国的主体，坚持实行并不断完善有中国特色的社会主义制度；香港、澳门回归祖国后设立直辖于中央人民政府的特别行政区，继续保持原有的资本主义制度，并依照各自的特别行政区基本法实行高度自治。未来两岸实现统一后，台湾也将保持自己的资本主义制度，也将依法实行高度自治，而且其自治程度还可能有别于港澳地区。社会主义制度与资本主义制度之间的差异，是"两制"之间的最根本差异。此外，大陆的社会主义制度与港澳台地区的资本主义制度将一直处于发展和完善过程中，其差异性的具体内容也处于不断变化中，甚至港澳台三者之间的差异性也处于不断发展变化中。需要强调的是，这些差异并不必然导致冲突，而是在"一国"前提下相互包容、相互学习、相互促进，共同构建出具有中华民族特色的、政治制度和社会制度的新文化。

第三，要坚持严格按照基本法办事，以法治精神贯彻落实"一国两制"。特别行政区基本法是港澳地区长期繁荣稳定的法律保障，是依法治港治澳的法律基石。要维护特别行政区基本法在香港、澳门的最高法律地位，严格依照基本法办事。香港、澳门特别行政区的行政、立法、司法机关和社会组织，中央政府和内地各部门各地区的各级各类组织，香港、澳门居民和内地居民，都必须遵守特别行政区基本法，以基本法为行为准则。严格依法治港治澳，以法治精神贯彻落实"一国两制"方针。我们贯彻落实"一国两制"方针的效果如何，在很大程度上取决于我们依法治港治澳的水平如何。事实上，我们贯彻落实"一国两制"方针的效果如何，也将对两岸关系的和平发展产生重要影响。

9. 为什么说我国领土和主权从未分割、也不容分割？

无论从国际法还是从国内法的角度来看，1949 年以来中国的领土和主权都从未分割过，未来也不容分割。

从国际法来看，积贫积弱的清政府于 1895 年 4 月与日本签订《马关条约》，规定把台湾割让给日本，台湾从此成为日本的殖民地。第二次世界大战期间的 1943 年 12 月，中美英三国签署《开罗宣言》，规定日本必须把包括台湾在内的窃取自中国的领土归还给中国。二战即将结束前的 1945 年 7 月，中美英三国签署、后来苏联加入的《波茨坦公告》再次强调日本必须接受《开罗宣言》所列条件。日本在当年 8 月 15 日发布的投降文书中，宣布接受《波茨坦公告》的要求，正式向盟国投降，这意味着日本承诺把台湾归还给中国。同年 10 月 25 日，中国政府代表在台北接受日本政府代表的投降，正式完成台湾主权从日本向中国的移交,从而完成了台湾回归中国的国际法律程序。自那时起至今,台湾就一直处于中国主权范围之内,再也没有被人为分割出去。从以联合国为代表的各类国际组织,到世界上绝大多数主权国家,以及当代国际法体系,都承认台湾是中国的一部分。

从国内法来看,虽然从1949年至今大陆和台湾尚未统一,但这不是中国领土和主权的分裂,而是上个世纪40年代中后期中国内战遗留并延续的政治对立状态,这种对立状态并没有改变大陆和台湾同属一个中国的法理事实。首先,1949年以来大陆方面的各项法律法规,都申明台湾是中国领土不可分割的一部分,追求统一、反对分裂,历来都是中国政府和人民的重大任务。虽然我们执行这项重大任务的根本途径,经历过从"武力解放台湾"到"一国两制、和平统一"再到和平发展的历史性转变,但追求统一、反对分裂这项重大任务本身并没有发生改变。其次,台湾当局从蒋介石、蒋经国父子,再到李登辉、陈水扁,以及现在的马英九,不管其在任内说过什么话、做过什么事,有一点却是肯定的,那就是他们一直承认两岸同属一个中国,其疆域包括大陆和台湾,其法统也继承自中国清朝。

正是在这个意义上,胡锦涛同志在2008年12月31日纪念《告台湾同胞书》发表30周年座谈会上郑重指出:世界上只有一个中国,中国主权和领土完整不容分割;两岸复归统一,不是主权和领土再造,而是结束政治对立。十八大报告再次强调:大陆和台湾虽然尚未统一,但两岸同属一个中国的事实从未改变,国家领土和主权从未分割、也不容分割。

实现祖国和平统一,是两岸中国人的共同心声,是中华儿女的神圣使命,也是实现中华民族伟大复兴的重要内容。两岸中国人决不允许台湾与大陆永远处于尚未统一的状态,决不允许中国领土和主权的分割,决不允许任何人任何势力以任何方式把台湾从祖国分割出去。

10. 如何理解两岸同胞同属中华民族,是血脉相连的命运共同体?

两岸同胞同属中华民族,祖先相同,文化相通,地缘相近,血脉相连。尤其是近代以来,台湾及全体台湾同胞的命运同整个中华民族的命运息息相关。由于中国在 19 世纪下半叶的积贫积弱,导致帝国主义列强蜂拥而至,争相瓜分中国的领土和主权。正是在这个大背景下,才会有 1895 年甲午战争中清政府的惨败,被迫把台湾割让给日本帝国主义。可以说,1895 年台湾被迫与祖国大陆分离、台湾人民沦为亡国奴,是近代中国积贫积弱的一个缩影。在日本统治台湾的 50 年里,祖国大陆也始终处于内忧外患之中。直到 1945 年,两岸人民和海内外其他中华儿女一道,经过长期浴血奋战,终于取得抗日战争的伟大胜利,台湾回到祖国怀抱,全体中华儿女共享此荣。

抗日战争胜利后不久,由于中国内战的结果以及当时国际格局的影响,两岸关系成为中国内部政治对立和国际政治斗争的牺牲品,两岸人民再次遭受骨肉分离的悲惨命运。国际敌对势力一方面对中国大陆进行战略遏制,另一方面也通过支持岛内政治势力而维持两岸关系的持续紧张和对抗,因而造成两岸同胞骨肉分离的长期化。在这期间,两岸都把大量的人力、物力、财力投入到相互对抗之中,严重制约了两岸经济的健康发展和两岸人民的福祉提升。两岸都为这种紧张和对抗付出惨痛代价。

进入 1980 年代以来，两岸关系的僵局逐渐被打破，两岸人民开始重新交往。一旦有了这样的机会，立即迸发出巨大的活力。两岸经贸交流和人员往来的规模迅速扩大，双方都从中获得巨大利益。其中虽曾有"台独"分裂势力的干扰，但两岸人民渴望交流、互通有无、互利共赢的热情无法阻遏。特别是 2008 年 5 月国民党在岛内重新掌权以来，两岸关系迈上了和平发展的康庄大道，两岸人民交流交往的广度、深度和质量都大幅提升，迄今已签署 18 项协议，达成一系列共识，极大地增进了两岸人民的福祉，有力地促进了两岸关系的和平发展。尤其是在大陆经济快速发展、国力全面提升的背景下，台湾积极参与到中华民族的伟大复兴中来，两岸经济、社会、文化等方面已经出现你中有我、我中有你、密切合作、休戚与共的良好局面。

历史证明，当祖国繁荣强大时，台湾同胞就会与大陆同胞一样享受到由这种繁荣强大所带来的尊严与荣耀；当祖国积贫积弱时，台湾同胞就会与大陆同胞一样面临受压迫、甚至受奴役的悲惨命运。两岸同胞同呼吸、共命运，共同走过了曲折起伏、波澜壮阔的中国近现代史和当代史。正是在这个意义上，党的十八大报告强调：两岸同胞同属中华民族，是血脉相连的命运共同体，理应相互关爱信赖，共同推进两岸关系，共同享有发展成果。

党的建设篇

从"革命党"到"执政党",从"立党为公、执政为民",到"三型政党",中国共产党自身建设探索前行的每一步都显示了与时俱进、开拓创新的追求,特别是服务型党建目标的提出,大大突破了原有的党建工作思路,实质上是把党建工作融入到社会之中,融入到为人民服务之中,必将大大提升党服务社会的能力。

1．如何深刻领会全面提高党的建设科学化水平这个主题？

全面提高党的建设科学化水平是十八大关于党的建设的主题和总体要求。

所谓科学化是指符合事物发展的客观规律，那么，提高党的建设科学化水平，就是要使党的建设符合科学规律，或者说，按照党建的客观规律来推进党的建设这个伟大工程。

党建的规律有多种总结，以下三条值得我们重视：一是政党长期执政易导致脱离群众；二是政党长期执政体制易导致僵化与墨守成规；三是政党长期执政失去监督易导致腐败。同时，党建科学化还是一个系统工程，必须统筹安排，不能单兵突进，因此十八大报告对全面提高党的建设科学化水平作出了全面部署，就是要明确"一个标准"，牢记"一条主线"，建设"三型政党"，增强"四自能力"，建设廉洁政治，抓住"八个重点"。

第一，针对在长期执政条件下，脱离群众是容易产生的最大危险，十八大报告依据党建科学化的主题，突出强调"以人为本、执政为民，始终保持党与人民群众的血肉联系"，并且提出"以人为本、执政为民是检验党一切执政活动的最高标准"。党的执政能力建设、先进性和纯洁性建设，也需要以这一最高标准来检验。这是党建科学化所要达到的最终境界。

第二，针对长期执政带来的思维惯性、墨守成规以及体制僵化等问题，提出党的建设新目标，即"建设学习型、服务型、创新型的马克思主义执政党"。这一目标发展了十六大、十七大提出的"立党为公、执政为民、求真务实、改革创新，艰苦奋斗、清正廉洁，富有活力、团结和谐的执政党"提法，更加突出地强调与时俱进、不断学习、开拓进取的要求，意在激发政党活力。为了应对执政环境和执政任务的深刻变化，始终走在时代前列，成为中国特色社会主义事业坚强的领导核心，党必须全面提高自身建设科学化水平。从"革命党"到"执政党"，从"立党为公、执政为民"，到"三型政党"，党自身建设探索前行的每一步都显示了与时俱进、开拓创新的追求，特别是服务型党建目标的提出大大突破了原有的党建工作思路，实质上是把党建工作融入到社会之中，融入到为人民服务之中，必将大大提升党服务社会的能力。

第三，针对长期执政失去监督易导致腐败这一问题，十八大报告提出了增强党的"自我净化、自我完善、自我革新、自我提高能力"，和建设廉洁政治，做到"干部清正、政府清廉、政治清明"。特别是在坚持十七大提出的以执政能力建设、先进性建设为党建主线的基础上，提出把纯洁性建设与执政能力、先进性建设共同作为党建主线。这些部署和措施的提出主要目的都是为了增强党的拒腐防变能力和抵御风险能力，保护党的肌体健康。

第四，针对以往党建布局的局部性，十八大报告调整优化了十七大关于党建工作的总体布局，提出了"八个重点"，即从八个方面对党建工作作出安排，包含有理想信念、党群关系、党内民主、干部人事制度改革、党管人才、基层组织创新、反腐败、党的纪律等八个方面。这八个方面必须整体推进，才能形成不断净化、完善、革新、提高的党建机制，真正全面提高党建科学化水平。

 ## 2. 如何理解加强和改进党的建设的"主线"？

十八大报告提出，要"牢牢把握加强党的执政能力建设、先进性和纯洁性建设这条主线",这在党建理论方面是一个新概括。

主线即主题,或者说灵魂,是党的建设要解决的核心问题和根本问题。在党的建设各方面要素中,主线起着把关定向、统领全局的作用。十八大以前,党的建设的主线,是加强党的执政能力建设和先进性建设。十八大报告在阐述党的建设的主线时,赋予党的建设的主线以新的内涵,提出要"牢牢把握加强党的执政能力建设、先进性和纯洁性建设这条主线",将纯洁性建设与执政能力建设和先进性建设,共同作为党的建设的主线。这也是我们党首次把纯洁性建设纳入到党的建设主线之中,是对党的建设主线内容的进一步丰富。这就表明,"纯洁性"建设将成为今后党建的重要命题,透露出在今后的发展和建设中,中国共产党会更加注重自身机体的健康问题。

纯洁性是马克思主义政党的本质要求和我们党的光荣传统,是先进性建设的前提和基础。十八大将"纯洁性"列入党建的主线,既是我们党回应新形势和新挑战对党建提出的新要求,也是对党员提出的更高标准,具有现实针对性。当前,我们党的队伍总体上是纯洁、团结、有战斗力的,但我们同时也必须看到,随着改革开放和社会主义市场经济深入发展,随着党的队伍越来越壮大,管党治党的任务越来越艰巨,保持队伍纯洁性的问题,更加突出地摆在我们面前。在保持党的纯洁性方面,我们党面临着严峻挑战。在我们的一些党员、干部中,还存在着理想信念不坚定、组织不纯、作风不正、为政不廉、贪污腐化、原则性不强等问题。这些问题严重损害党的纯洁性,不仅损害了党的声誉,还损害了党同人民群众的血肉联系,严重影响党的执政地位巩固和执政使命实现。正是针对这些问题,近年来,我们党在实践中提出了加强党的纯洁性建设的命题,要求党要管党、从严治党,并采取了一系列重大举措,始终保持党的纯洁。

我们要从党和人民事业兴衰成败的高度,从应对新形势下党面临的风险和挑战出发,充分认识保持党的纯洁性的极端重要性和紧迫性,不断增强党的意识、政治意识、危机意识、责任意识,切实做好保持党的纯洁性的各项工作,保持党的肌体健康,保持党的生机活力。

在党的建设主线中,党的执政能力建设是党的各项建设的着力点,党的先进性建设是党的各项建设的灵魂,党的纯洁性建设是党的各项建设的基本要求。没有党的执政能力建设、先进性和纯洁性建设的贯穿,党的建设将失去动力和方向。

3. 如何理解我们面临的"四大考验"和"四大危险"?

"四大考验"和"四大危险"是对党的执政形势的形象概括。具体来说,"四大考验"指的是:执政考验、改革开放考验、市场经济考验、外部环境考验。核心是执政的考验。"四大危险"为精神懈怠的危险,能力不足的危险,脱离群众的危险,消极腐败的危险。脱离群众是其中最大的危险。

"四大考验"和"四大危险"是胡锦涛同志在建党90周年讲话中提出的,十八大报告再次提到"四大考验"和"四大危险",充分体现了我党居安思危的强烈意识和忧患意识,是对长期执政的全党发出的一次重要警示:党执政的形势比较严峻,党要管党、从严治党的任务比以往任何时候都更为繁重、更为紧迫。

"四大考验"与"四大危险"不仅是针对全党领导干部发出的警醒,也是对全党普通党员干部的一次警示。长期以来在党员干部中普遍存在着信仰淡薄、责任不强、能力不足、对群众疾苦麻木等种种执政疲劳现象,亟待整肃。当前,改革已经进入攻坚阶段,每一步都显得十分艰难。"四大考验"与"四大危险"随时有可能引发危机。社会贫富分化严重,腐败现象严重,信仰缺失,道德滑坡,群体性事件高发等,这些成为构建和谐社会的极大障碍,不得不引起全党的高度重视。我们每一个党员都要高度警醒,主动自觉地应对"四大考验",远离"四大危险"。

它们的具体意涵包括:

执政考验:主要是长期执政的考验。长期执政对社会稳定发展有利,但同时也使执政面临严峻考验。长期执政,如果缺乏监督,容易造成腐败;长期执政,容易形成官僚主义;长期执政,容易成为矛盾焦点。苏东剧变的一个重要原因,就是这些国家共产党没有经受住执政的考验。

改革开放的考验:改革带来的利益结构调整使一些人受益的同时也使一些人利益受到损害,如出现了贫富差距、环境污染、贪污腐败现象、道德缺失;固步自封等问题。

市场经济的考验:市场经济作为一种有效的配置资源的方式,使中国社会发生了翻天覆地的变化,使中国改革取得了巨大的成就,但市场经济的消极影响也带来党风方面的不良后果,如"一切向钱看"、"唯利是图"等。

外部环境的考验:主要是指西方资本主义国家对我"西化"和分化的图谋未变。

精神懈怠的危险:改革开放以来,我国经济社会发展取得翻天覆地的变化,部分党员干部因此容易出现骄傲自满、贪图享乐情绪,导致在工作中思想涣散、精神懈怠。

能力不足的危险:增强自我净化、自我完善、自我革新、自我提高能力,建设学习型、服务型、创新型的马克思主义执政党。警示全

党同志要加强学习,提高自身素质和能力,工作中要有真本领。

脱离群众的危险:在改革开放和长期执政的条件下,党没有了外在的强大的生存压力,一些党员干部群众观念容易淡化,再加上权力本身具有的腐蚀性和市场经济带来的一些利益诱惑,使得一些党员干部疏远了群众,忘了"我是谁、为了谁"。

消极腐败的危险:发生在群众身边的腐败问题和现象,伤害群众对党的感情,严重影响党和政府的形象,警示全党加强对权力的制约和监督,让权力在阳光下运行。

4. 如何理解"三型政党"(学习型、服务型、创新型)建设目标?

"三型政党"的提法是十八大报告首次提出的,即"建设学习型、服务型、创新型的马克思主义执政党"。对于党的自身建设来说,"三型政党"的提出是一次全新的表述和定位,也是对提高党建科学化水平提出的新要求。

"学习型政党"的目标在党的十六大、十七大报告中都曾提到过,但与"服务型政党"、"创新型政党"一起提出,且并列作为党的建设目标,这是十八大报告的一个理论创新与显著亮点。"三型政党"的提法不仅表明我党是一个与时俱进、开拓进取的政党,而且表明了我党全心全意为人民服务的根本宗旨,更反映了时代进步和社会发展对党的建设的新要求。

"三型政党"建设目标的提出,进一步回答了"建设一个什么样的党? 怎样建设党?"的重大问题,为当前和今后较长一段时期加强党的自身建设指明了方向。

落实"三型政党"建设目标，必须以学习为先。俗话说，刀不磨要生锈，人不学要落后。一个政党要始终保持与时俱进，就必须自始至终加强学习。重视学习、善于学习是我党的优良传统。我们党从建党之初起，就善于学习，并依靠学习，取得了一个接一个的胜利，创立了新国家。新中国成立后，我党努力学习过去不熟悉的东西，领导人民克服了困难，创造了社会主义伟大成就。特别是改革开放以来，我党努力学习市场经济知识与本领，取得了世界瞩目的成果与成就。早在党的十六届四中全会就明确提出"努力建设学习型政党"的战略任务，党的十七届四中全会强调，把各级党组织建设成为学习型党组织是建设马克思主义学习型政党的基础工程。十八大报告把"学习型"放在"三型"的第一位置，再次强调了学习的基础性和重要性。面对各方面考验，我们必须不断学习，建设学习型政党。

　　落实服务型政党，就是要以服务为宗旨。全心全意为人民服务是党的宗旨。为人民服务是党发展壮大、长期执政的根本法宝。一个政党只有根植于人民，造福于人民，人民才能拥护你，支持你，才能立于不败之地。时代在发展，社会在进步，但党始终保持和人民群众的血肉联系不能倒退，更不能搞形式上的"联系"。建设服务型政党，就是要强化各级干部为人民服务的意识，始终把人民利益放在第一位，突出政党服务社会、服务群众的功能。

　　落实创新型政党，必须以创新为追求。创新是党的先进性的具体体现。墨守成规、因循守旧的思想让我们党走过不少弯路。党面临的长期执政、改革开放、市场经济、外部环境的考验，要求我们必须按照科学发展观的要求，不断推进党的建设实践创新、理论创新、制度创新，打破旧的"条条框框"，党才有不竭的动力源泉。

5. 如何理解增强"四自能力"(自我净化、自我完善、自我革新、自我提高)的重大意义?

增强"四自能力"是十八大报告在党的自身建设方面的一个新提法和新亮点,全称是增强"自我净化、自我完善、自我革新、自我提高"能力。其中,自我净化主要是针对党的纯洁性来说的,自我完善是从党建的短板和弱项而言的,自我革新与自我提高则是从党的创新型与先进性而言的。因此,增强"四自"能力是保持党的先进性和纯洁性的必然要求,体现了我们党在加强党的作风建设上的高度自觉。

增强"四自能力"的提出,在党的建设历史上是第一次,对于全面提高党的建设科学化水平具有重大意义。

首先,增强"四自能力"的提出,表明了我们党对自身建设规律的深刻认识和高度的政治自觉。经过一个比较长时期的执政,我国国力大增,取得了举世瞩目的成就,但长期执政也滋生了一些体制弊端,比如官僚主义和权力腐败等,这些弊端极大地损害了执政党的形象和党同人民之间的关系,如果不能及时得到解决,必将危害到党的存亡。增强"四自能力"的提出,表明我党居安思危,忧患意识强烈,开始更加自觉地正视自身执政规律,更加重视自身的净化与健康问题。

其次,增强"四自能力"为推进党的建设提出了新的更高要求。增强"四自能力",即自我净化、自我完善、自我革新、自我提高,这是一个要求不断提高、递进的提升过程,表明了党对各级党组织和全体党员提出了新的更高要求。房子只有经常打扫,才能保持清洁。

党员和党的组织必须定期进行"政治体检",及时发现自身的"病灶"并施以科学治疗,才能保持"肌体"健康。新形势下,各级党组织和全体党员要敢于正视自身存在的缺点和错误,并认真地对待它们、分析它们、克服和解决它们,提升党建工作的质量,使党建工作充满生机与活力。

最后,增强"四自能力"明确了推进党的建设的根本途径。

增强"四自能力",既是一个很高的政治要求,也是一个基本的政治素养。增强"四自能力"首先必须坚定理想信念。理想信念是共产党人精神上的"钙",没有理想信念,理想信念不坚定,精神上就会"缺钙",就会得"软骨病"。广大党员尤其是党员干部必须深入学习和掌握党的理论,增强信仰。

增强"四自能力",就是警示党要管党、从严治党。党要管党、从严治党,既是我们党的优良传统和宝贵经验,也是我们党的一贯方针。建国之初的"三反"运动中,毛泽东针对党内出现的腐败问题,对刘青山、张子善坚决地进行处决,表明了我们党从严治党、除恶务尽的决心,在当时起到了敲山震虎、扶正祛邪的良好效果。如果党不管党、治党不严,就会使执政党及其领导干部利用手中的权力谋取私利,就会使党组织涣散,丧失创造力、凝聚力和战斗力,甚至会危及党的生存和发展。今天,党的执政地位和肩负的历史使命,要求我们治国必先治党,治党务必从严,保持党的先进性和纯洁性。

6. 推行"完善党员干部直接联系群众制度"、"党代会代表提案制"有何重大意义？

"完善党员干部直接联系群众制度"、"党代会代表提案制"这两项制度是十八大报告中针对如何保持党与人民群众的血肉关系以及发展党内民主提出的两点新举措,具有重大意义。

推行"党员干部直接联系群众制度"、"党代会代表提案制"可以直接拉近党同群众的距离,密切党与人民群众之间的联系。我们党最大的政治优势就是紧密联系群众,而执政后的最大危险是脱离群众。建党 91 年来,我们党从小到大,由弱到强,重要的制胜法宝就是坚持了"一切为了群众、一切依靠群众,从群众中来、到群众中去"的群众路线。改革开放以来,党群关系干群关系出现了许多新情况新问题,其中最突出的是党有脱离群众的危险,群众对党和政府的不满情绪逐步有所增加。而面对面联系群众,是避免脱离群众的危险最直接的保障方式。推行"完善党员干部直接联系群众制度"、"党代会代表提案制"将促使党员干部、党代表把更多的精力投入到联系基层、联系群众,认真倾听群众的呼声和诉求,问政于民、问需于民、问计于民,把真实的民意传达到党的代表大会,变成党委政府的实际行动。

推行"完善党员干部直接联系群众制度"、"党代会代表提案制"使推进党内民主有了新渠道,落实科学决策有了新抓手。

党员干部是党和人民群众之间的"连心桥",是党在基层的"麦克风"、"扬声器"。"完善党员干部直接联系群众制度",就是要将决定权和"指挥棒"交给群众,从群众最不满意的地方改起、从矛盾最突出的地方抓起、从群众最需要的地方做起,实打实为群众解难题、办实事。"党代会代表提案制"则可以让来自各行各业的党代表通过提案制这样的形式,将基层党员群众的意愿收集起来,以制度化的形式建言献策,提交给党代会,并及时地反映到党的决策层,有利于落实党代表的表达权、参与权、决策权、监督权,有利于促进党委决策的科学化和民主化。"党员干部直接联系群众制度"、"党代会代表提案制"这两项实实在在的制度让党员干部、党代表有了为党员发声、为群众说话、为百姓请命的平台和载体,真正让决策做到了:从群众中来,到群众中去。

十八大将"完善党员干部直接联系群众制度"、"党代会代表提案制"写入报告,体现了对党员、党代表主体地位和权利的尊重,是党内民主的生动实践。党员是党的肌体的细胞和党的活动的主体,党员和党代表都应该让自己成为联系党和人民群众之间的有效"桥梁"和"纽带"。然而,长期以来,党内一言堂现象普遍,党员的主体地位得不到尊重,党员的责任意识得不到激发,党员不直接联系群众;有的党代会代表实际上并未充分发挥下情上达、建言献策的积极作用,而更多的是将出席党代会当作了一种荣誉和光环,做"举手代表"、"三天代表",没有充分履行党代表应尽的责任。推行"完善党员干部直接联系群众制度"、"党代会代表提案制"有助于以制度形式来发挥党员的主体作用、提升党代表履职能力,激发全党创造活力。

7. 为什么说党内民主是党的生命?

党内民主是党的建设中的一个重要问题。十六大报告首次提出:"党内民主是党的生命,对人民民主具有重要的示范和带动作用。"十七大报告中也强调指出:"党内民主是党的生命,人民民主是社会主义的生命"。十八大报告再次重申了"党内民主是党的生命"这一科学论断。这个过程说明党内民主一直受到党中央的高度重视,而且将党内民主比作党的生命,站在关乎党的生死存亡的高度来发展党内民主,可见意义重大。

这是总结党的历史经验得出的一个科学结论。在这方面,我们党在第一次国内革命战争时期和第二次国内革命战争时期就有过深刻的教训。建国之后,中国共产党变成了执政党,我们对权力过分集中的问题缺乏辩证思维,致使党内民主逐步遭到削弱和破坏。1957年之后,党和国家的民主生活越来越不正常,一言堂、个人决定重大问题的现象时有发生。特别是十年"文革",党内民主名存实亡,给党和国家造成惨重的损失。事实表明:党内民主是一项不能动摇的原则,是党的生命,我们必须要在实践中认真地贯彻执行。

党内民主是党的生命,也是我们党总结世界各国共产党盛衰兴亡历史经验教训得出的深刻结论。东欧剧变,苏联解体,一些长期执政的共产党纷纷丧失政权,原因固然很多,但是没有适应社会主义建设的需要很好地发扬党内民主,没有从制度、体制、机制上很好地保障党员的民主权利,从而没有更好地发挥出广大党员的积极性、主动性和创造性,党失去了凝聚力和战斗力,党内离心离德,是导致其事业失败的关键性因素。这一深刻教训,我们应当认真汲取。

跨入新世纪,我国进入全面建设小康社会、加快推进社会主义现代化的新的发展阶段。在新的历史条件下,党要肩负起自己的伟大历史使命,全面推进中国特色社会主义伟大事业,全面推进党的建设的伟大工程,更应与时俱进,适应时代要求和世情、国情、党情的发展变化,大力推进党内民主,最大限度地调动全党的积极性、主动性、创造性,把全党的智慧和力量凝聚到推动科学发展、促进社会和谐上来。随着党务公开、政务公开、党内选举的不断完善、干部选拔任用机制的公开透明、党员干部直接联系群众制度、党代表提案制度等一系列党内民主的实践和制度机制创新,党内民主必将激发全党活力,并带动人民民主,带领全国人民创造一个更加美好的明天。

8. 如何认识自觉维护党的集中统一的重大意义?

十八大报告在"全面提高党的建设科学化水平"部分,特别强调:"严明党的纪律,自觉维护党的集中统一。"在党的全国代表大会上这样强调党的集中统一,这是第一次。这次用了大量篇幅详细论述"维护党的集中统一"的重要性、必要性,并且严正申明:"保证中央政令畅通,绝不允许'上有政策、下有对策',决不允许有令不行、有禁不止。"因此,必须深刻认识和把握自觉维护党的集中统一的重大意义。

首先,党的集中统一与党内民主是党的民主集中制的一体两面。党内民主是党的生命,党的集中统一则是党的力量所在。毛泽东同志对此有一段生动的描述:"造成一个又有集中又有民主,又有纪律又有自由,又有统一意志、又有个人心情舒畅、生动活泼,那样一种政治局面。"显然,没有党内民主,就会缺少"心情舒畅、生动活泼";而没有集中统一,就会纪律涣散、组织松弛、各自为战,沦为毫无战斗力的一盘散沙。

其二,维护党的集中统一是党的力量所在,是实现经济社会发展、民族团结进步、国家长治久安的根本保证。从北京奥运、上海世博,到抗击非典、抗震救灾,再到抵御国际金融危机冲击,每一项重大成就的取得,每一次重大困难的克服,每一次重大灾害的救助,每一次重大危机的化解,无不是依靠党的集中统一和坚强领导取得,未来夺取全面建成小康社会的新胜利,同样需要党的集中统一和坚强领导。

其三,当前面临的国内外环境形势严峻,要求我们必须自觉维护党的集中统一。从国际环境来看,西方势力颜色革命和内部瓦解策略的实施,给一些国家带来政治局面混乱,也给我们敲响必须维护团结、统一思想的警钟;从国内环境来看,一些地方保护主义盛行,地方政策疏离中央精神,甚至出现有令不行、有禁不止,"政令不出中南海"的现象。这些都客观上要求坚决维护党的集中统一,坚决维护中央权威、保证中央政令畅通,才能形成全党上下步调一致、奋发进取的强大力量。

其四,团结就是力量,分裂就会自我瓦解。有一首歌脍炙人口、家喻户晓,其中唱到:"团结就是力量,这力量是铁! 这力量是钢! 比铁还硬! 比钢还强!"这首歌唱出了"团结就是力量"这个朴素的道理。一麻袋马铃薯,数量再多也无法拧成一股绳、形成合力;只有团结得像花岗岩那么紧密,才能形成无坚不摧、无难不克的坚强力量。让我们自觉维护党的集中统一,紧密团结起来,凝聚力量、攻坚克难,夺取中国特色社会主义建设新胜利。

9. 如何从"致命伤害"和"亡党亡国"的高度认识新形势下的反腐败斗争?

十八大报告明确指出:"(反腐败)这个问题解决不好,就会对党造成致命伤害,甚至亡党亡国。"

首先,从措辞的严重和严厉程度来说,使用"致命伤害"和"亡党亡国"这样激烈的措辞和字眼来形容和认识腐败问题,这在党的全国代表大会上前所未有,表明党中央对新形势下反腐败斗争问题的认识达到前所未有的高度,也是对全党的一次高度警醒。

其二,从腐败实际造成的危害来看,"致命伤害"和"亡党亡国"的提法并非耸人听闻。在党的建设工程中,尽管也存在这样那样不尽如人意的地方,也存在着这样那样的一些问题,但在这些问题之中,腐败问题对党的执政和国家建设伤害最为严重,为祸尤烈。目前腐败现象易发高发多发,愈演愈烈,扭曲了社会价值,败坏了社会风气,极大损害党的形象和政府公信力,破坏了党群干群关系,以致民怨沸腾,腐败已成中国社会第一大民怨。如果任由腐败发展,"致命伤害"和"亡党亡国"就会为期不远。因此,迫切需要正视腐败现象,采取有效的反腐措施,惩治腐败,解决人民群众反映强烈的突出问题,平息民怨。这既是民心所向,更是执政所需。

其三,必须充分认识新形势下反腐败斗争的长期性、复杂性和艰巨性。由于腐败现象愈演愈烈,腐败的金额越来越大,腐败的牵涉面越来越广,出现了集体腐败、群体性腐败,一些腐败还出现了隐蔽性和智能化的特点,这些情况增加了反腐败斗争的难度和复杂度。因此,坚持反腐倡廉必须常抓不懈、拒腐防变必须警钟长鸣。

其四,从"致命伤害"和"亡党亡国"的高度来看,十八大对反腐倡廉进行了全面新部署,表明了新形势下党坚决铲除腐败的决心。其中,标本兼治,惩防并举,全面推进健全惩治和预防腐败的体系建设是反腐败斗争的基础;严格规范权力行使,加强对各级领导干部特别是主要领导干部行使权力的监督是反腐败斗争的关键,要切实把权力关进笼子里;廉洁政府和"三清"(干部清正、政府清廉、政治清明)是反腐败斗争的方向和目标。这些反腐倡廉的部署和措施意

在逐步消除腐败现象滋生的土壤和条件,必将推动反腐败斗争向深入发展。

10. 如何认识和推进新形势下的基层党建工作?

十八大报告从战略和全局的高度,对新形势下加强党的基层组织建设作出了全面部署,强调要"创新基层党建工作,夯实党执政的组织基础"。这一部署对于新形势下推进基层党建工作具有重要意义。

党的基层组织是党在社会基层的战斗堡垒,是党的全部工作和战斗力的基础。全面推进党的建设的伟大工程,必须把推进基层党建工作作为一项基础性任务来抓。

同时,推进基层党建工作必须适应新形势新任务的变化,不断拓展工作领域,扩大党组织和党的工作覆盖面。新形势下,由于基层党组织所处的外部环境发生了重大变化,越来越多的"单位人"变成"社会人",基层党建领域不断拓宽。随着社区党建、楼宇党建、两新组织党建、区域化党建等一系列党建新领域的拓展,基层党建的任务加重了,基层党组织和党的工作的覆盖面不断扩大。今后还将强化农村、社区党建工作,加大非公有制经济组织、社会组织党建工作力度,全面推进各领域基层党建的工作覆盖面。

新形势下,推进基层党建工作必须突出"服务"导向。十八大报告中提出:"以服务群众、做群众工作为主要任务,加强基层服务型党组织建设。"党的根本宗旨就是全心全意为人民服务,在各级党组织中,基层党组织是与人民群众联系最密切的党组织,要坚持把服务群众作为基层党组织建设的根本价值取向,把一切为了群众、一切依靠群众的要求落实到基层党建工作的各方面,努力实现好、维护好、发展好最广大人民群众的根本利益,使党的一切工作获得最广泛、最可靠、最牢固的群众基础和力量源泉。

同时,发挥基层党组织的服务职能,履行党的服务宗旨,必须创新途径,以提高服务质量、拓展服务范围、创新服务载体为关键点,以办好与人民群众利益密切相关的小事、平凡事为切入点,以让人民群众共享改革开放发展成果为突破点,大力推进制度改革和创新,简化办事程序和手续,在维护好、发展好人民群众利益上取得实质进展,切实让人民群众感受到党的温暖。

新形势下推进基层党建工作,还要切实加强党员队伍建设,以创先争优机制推动广大党员发挥先锋模范作用。党员队伍的作用,直接关系到党在基层中的战斗力和在人民群众中的影响力。要充分发挥党员队伍的作用,首先应当加强党员教育,增强党性。其次要健全党员立足岗位创先争优成效机制,推动广大党员发挥先锋模范作用。再则要提高发展党员的质量,从青年工人、农民、知识分子中补充新鲜血液,发展党员。

后　记

　　本书面向广大职工,从十个方面对当代中国发展中面临的一些重大理论和现实问题,进行了深入浅出的解读。这样十个方面的问题与十八大报告紧密衔接。因此,在某种意义上,该书是我们在基层职工中宣传、普及党的十八大精神的一次努力,一个尝试。我们希望本书的出版能够帮助广大职工理解党的十八大精神,了解当代中国,激励广大职工以更加奋发有为的精神状态和一如既往的主人翁精神,投入到中国特色社会主义伟大事业中来,奉献青春,再创无愧于时代的业绩。

　　本书写作团队由上海社会科学院各研究所专家学者组成,具体分工如下:

　　第一篇章,陈祥勤(中国马克思主义研究所副研究员);第二篇章,姜佑福(中国马克思主义研究所副研究员);第三篇章,臧得顺(社会学研究所副研究员);第四篇章,胡晓鹏(部门经济研究所研究员);第五篇章,张树平(政治与公共管理研究所副研究员);第六篇章,郑崇选(文学研究所副研究员);第七篇章,于宁(城市与人口发展研究所副研究员);第八篇章,顾书桂(部门经济研究所副研究员);第九篇章,吴雪明(国际关系研究所副研究员);第十篇章,胡筱秀(政治与公共管理研究所副研究员)。

　　本书写作时间安排较为紧张,加之相关论题重大,有着很强的政策性、理论性和现实针对性,难免有不尽人意和疏漏之处,敬请各位读者批评指正。

图书在版编目(CIP)数据

时事热点百问/本书编写组组编. --上海：上海三联书店，2013.4
ISBN 978 - 7 - 5426 - 4160 - 1

Ⅰ. ①时… Ⅱ. ①本… Ⅲ. ①时事政策教育－中国－学习参考资料② 中共十八大（2012）－报告－学习参考资料
Ⅳ. ①D643②D229

中国版本图书馆 CIP 数据核字(2013)第 069704 号

时事热点百问

编　　者 / 本书编写组组编

责任编辑 / 陈启甸
装帧设计 / 王文杰
监　　制 / 李　敏

出版发行 / 上海三联书店
　　　　　(201199)中国上海市都市路 4855 号 2 座 10 楼
印　　刷 / 上海惠顿实业公司印刷部

版　　次 / 2013 年 4 月第 1 版
印　　次 / 2013 年 4 月第 1 次印刷
开　　本 / 890×1240　1/32
字　　数 / 160 千字
印　　张 / 7
书　　号 / ISBN 978 - 7 - 5426 - 4160 - 1/D · 216
定　　价 / 22.00 元

敬启读者,如发现本书有印装质量问题。请与印刷厂联系 021 - 56475597